JÜRGEN WERTH

Ich halte dich. Gott

Über den Autor

Jürgen Werth ist Vorstandsvorsitzender von ERF Medien, war von 2007–2011 Vorsitzender der Deutschen Evangelischen Allianz und ist als erfolgreicher Autor, Liedermacher und Moderator bekannt.

Jürgen Werth

Ich
halte dich.
– Gott

Warum wir vertrauensvoll leben können

Nehmt einen Augenblick Jesus aus der Welt, nehmt das Kreuz von euren Kirchen und von den Altären und aus euren Herzen, denkt euch, ihr wäret von uns 1900 Jahre betrogen und belogen worden – es ist kein Heiland geboren, es ist kein Erlöser gekommen, es ist nie der Himmel aufgetan über die Seufzer der Erde, was dann? Dann, meine Freunde, hätte unsere Heimatstadt große Paläste, mächtige Bauten; Kunst und Wissenschaft könnten in ihr blühen – aber die Gräber wären ohne Hoffnung und die Herzen ohne Trost!

Hermann von Bezzel (1861–1917)

Inhalt

Was hält, wenn nichts mehr hält?

Plötzlich ist er nicht mehr da. Und du weißt: Er wird nie wieder da sein. Hat dein Haus für immer verlassen. Nie wieder wirst du sein verschlafenes »Guten Morgen« hören. Nie wieder sein dröhnendes Lachen, wenn seine alten Kumpane in euer Haus eingefallen sind. Nie wieder sein nervöses Hüsteln, wenn er auf deine Frage keine Antwort wusste. Nie wieder das knarzende Geräusch seines Schlüssels in der Haustür. Nie wieder.

Dabei war er doch dein Halt!

Plötzlich gehst du an deiner alten Firma vorbei. Einfach so. Obwohl du doch mehr als dreißig Jahre hineingegangen bist. Jeden Morgen. Na ja, beinahe jeden Morgen. Doch seitdem über dem Portal ein neuer Name steht, ist alles anders. Du würdest nicht mehr gebraucht, hatte es geheißen. Man müsse den Betrieb konsolidieren. Verschlanken. Und das hieß vor allem: Mitarbeiter entlassen. Du hattest dazu gehört. Und nun gehst du einfach vorbei. Und du weißt: Du wirst künftig an allen Betriebstüren vorübergehen. Denn mit 57 bist du nicht mehr vermittelbar. Obwohl du Erfahrung hast. Und deinen Beruf liebst.

Er war doch dein Halt!

Plötzlich drückt der Ring an deiner Hand. Dein Märchenprinz ist ein Langweiler geworden. Dein Zuhause ein goldener Käfig. Aus der Traum! Hast du dich getäuscht? Bist du reingefallen? Du hast so viel erwartet. Zu viel? Musst du dich damit abfinden? Musst du kämpfen? Du weißt nicht mehr, was richtig ist und was nicht.

Deine Träume waren doch dein Halt!

Plötzlich haben deine Kinder den Kontakt abgebrochen. »Du kannst gern wieder anrufen, wenn du dich von dieser Frau getrennt hast!«, hat dein Ältester gesagt. Doch das willst du nicht. Das kannst du nicht. Diese neue Frau ist dein neues Leben. Mit ihr willst du noch einmal von vorne anfangen, nachdem die Mutter deiner Kinder vor drei Jahren gestorben ist. Endlich ist da eine neue zarte Liebe gewachsen. Doch die Kinder wollen deine neue Partnerin nicht. Haben sie von Anfang an nicht gewollt. Es durfte einfach keine neue Frau im Leben ihres Vaters geben! Nun feierst du deinen Geburtstag mit ihr. Aber ohne die Kinder. Dabei waren sie doch das Ziel aller deiner Anstrengungen gewesen in all den Jahren! Sie waren der tiefste Sinn deines Lebens.

Sie waren doch dein Halt!

Plötzlich steht deine Unterschrift auf dem Vertrag. Plötzlich bist du alles los, wofür du dich krummgelegt hast. Deine

Firma gehört nun einem anderen. Deine Firma und dein Vermögen – und deine Schulden. »Bist noch mal mit einem blauen Auge davon gekommen!«, trösten dich die letzten Freunde, die dir geblieben sind. Und du denkst: Ein blaues Auge – das ginge ja noch. Ich habe eine blaue Seele – falls es das gibt. Nicht nur die Firma ist pleite. Die Seele ist es. Und das Selbstbewusstsein. Ein erfolgreicher Unternehmer bist du gewesen. Gefragt und geehrt. Doch das ist nun Geschichte. Was wird aus dir? Hast du die Kraft, noch einmal ganz von vorne anzufangen?

Der Erfolg war doch dein Halt!

Plötzlich zweifelst du. Vielleicht hast du dir das mit Gott nur eingebildet! Vielleicht haben sich das alle, mit denen du die letzten Jahre geteilt hast, nur eingebildet! Vielleicht ist Gott doch nur eine Projektion unserer tiefsten Wünsche und Sehnsüchte! Wenn es ihn wirklich gäbe und wenn ihm wirklich etwas an dir läge – hätte er dir dann diese brutale Krankheitsgeschichte zugemutet? Immer hast du daran geglaubt: Wer ein frommes und rechtschaffenes Leben führt, wird dafür belohnt. Mit himmlischen Wohltaten. Und nun das! Alles Einbildung? Alles Lüge?

Der Glaube war doch dein Halt!

Was hält, wenn nichts mehr hält? Wer hält? Woran kannst du dich halten, wenn dir alles aus den Fingern gleitet und deine kleine Welt aus den Fugen gerät? Oder die große? An was? An wen?

Nein, es gibt keine schnellen Antworten. Maisonnen-Antworten halten Novembernebel-Fragen in der Regel nicht stand.

Was hält uns? Wer hält uns? Begeben Sie sich mit mir auf eine kleine Spurensuche. In unseren eigenen bescheidenen Lebenserfahrungen und in den Lebenserfahrungen anderer Menschen. In unserer Welt. Und in der Bibel. Damit wir beide, Sie und ich, am Ende umso gewisser sagen können: Egal, wie haltlos ich mich fühle – ich bin gehalten! Immer. Und überall. Egal, was passiert.

Weil er es zusagt: Ich halte dich. Gott.

Haltlos

Eine unserer ersten Schiffsreisen führte uns durch die Biskaya. Kennen Sie? Nein? Müssen Sie unbedingt kennenlernen! Oder vielleicht eher doch nicht. Denn die Biskaya ist nicht nur berühmt. Sie ist auch berüchtigt. Diese Bucht, die sich von Galicien bis zur Bretagne entlang der Nordküste Spaniens und der Westküste Frankreichs erstreckt, ist laut Wikipedia »für schlechtes Wetter, starke Stürme und extremen Seegang bekannt«.

Unser Schiff war eine umgebaute Fähre. Flusstauglich. Aber nur bedingt seetauglich, geschweige denn hochseetauglich. Von Stabilisatoren hatte es noch nie etwas gehört, noch nicht einmal davon geträumt. Die standen ihm ja auch nicht zu. Das hatten schließlich nur die Großen. Die Pötte. Die Ozeanriesen. Doch unsere Fähre war ein tapferes Schiff. Und es erwartete von seinen Passagieren dasselbe: tapfer sein. Bei Sonnenschein und bei Sturm. Bei Tag und bei Nacht.

Wir waren bei Nacht unterwegs in der Biskaya. Und der

Wetterbericht verhieß Wind- und Seestärken um die 10. Und er behielt recht.

Wir wollten gerne genauso tapfer sein wie unser Schiff. Auch wenn's schwerfiel und von Minute zu Minute schwerer wurde. Mit sanftem Schaukeln hatte uns das Meer eingestimmt. Noch quietschten einige Passagiere vor Vergnügen. Doch dann wurden die Wellen von höher und wilder, und sie krachten immer unerbittlicher gegen den Schiffsrumpf. Und unser Schiff begann, immer stärker zu schaukeln und zu rollen und zu gieren. Wellenberg rauf, Wellenberg runter. Und wieder von vorn. Wir wussten immer genau, wann wir wieder unten waren. Wir hörten es. Jede Schweißnaht ächzte in immer schrilleren Tonlagen, jede Schraube versuchte stöhnend zusammenzuhalten, was sie zusammenhalten sollte.

Wo hältst du dich fest bei so einem Wetter in so einer Bucht auf so einem Schiff? Alles, was Halt verspricht, hält nur bei flauer Brise und glatter See.

Essen wollte schon lange keiner mehr. Niemals zuvor war uns ein Fünf-Gänge-Menü so egal gewesen! Die einzige Sicherheitszone schien unsere enge Kabine zu sein. Unser Bett. Mit der kleinen Toilette direkt nebenan. Für alle Fälle. Und die Fälle häuften sich …

Die Gardinen vor den Bullaugen unserer kleinen Kabine vollführten immer wildere Gymnastikübungen. Alles, was nicht niet- und nagelfest und angebunden war, polterte zu Boden. Kabineninsassen inklusive.

Und kein Ende in Sicht. Und kein Morgen in Sicht. Die Biskaya zieht sich. Fast ganz Deutschland würde da reinpassen. In solchen Momenten fühlst du dich, ja, ausgeliefert. Du kannst nicht aussteigen. Du kannst höchstens – sterben.

Eine Reiseteilnehmerin versuchte sich mit Bier und Wodka zu beruhigen. Doch den Bierkrug hielt es nicht lange auf dem Nachttischchen, auf dem sie ihn tollkühn abgestellt hatte, und ergoss seine blonde Pracht unbarmherzig aufs frisch bezogene Bett. Das war nun für die Nachtruhe nur noch bedingt tauglich.

Wohin nun?

In die Badewanne. Samt Bettzeug. Da war sie sicher. Einigermaßen. Und überlebte die Nacht. Wie wir alle.

Ich habe später ein Gedicht von Heinrich Heine entdeckt*, vertont und bei einer unserer nächsten Seereisen als Trostlied zum Besten gegeben:

> Der Sturm spielt auf zum Tanze,
> Er pfeift und saust und brüllt;
> Heisa! wie springt das Schifflein!
> Die Nacht ist lustig und wild.
>
> Ein lebendes Wassergebirge
> Bildet die tosende See;

---

* Das Gedicht stammt aus Heines erstem großen Gedichtband, dem »Buch der Lieder«.

Hier gähnt ein schwarzer Abgrund,
Dort türmt es sich weit in die Höh'.

Ein Fluchen, Erbrechen und Beten
Schallt aus der Kajüte heraus;
Ich halte mich fest am Mastbaum
Und wünsche: Wär ich zu Haus.

O ja! O ja! O ja! Alles! Fluchen! Erbrechen! Beten!

Und der quälende Dauervorwurf: Warum hast du dir das nur angetan!

Irgendwann aber war's geschafft. Die See wurde ruhiger. Die Mägen der Passagiere allmählich auch. Und die Sonne schaute schüchtern nach, was in ihrer Abwesenheit aus unserer Fähre geworden war.

Als wir endlich wieder festen Boden unter den Füßen hatten, habe ich den Boden geküsst. Wie einst der Papst.

Und war trotzdem irritiert. Denn dieser Boden schien weiter zu schwanken. Immer wieder hatten wir alle das Gefühl, wir müssten uns festhalten. An einem Geländer. Oder aneinander. Als würde die wilde See in unseren Sinnen weitertoben.

Aber tobt die nicht ständig in uns? Unter uns? Auch wenn wir's meist nicht wahrhaben wollen und meinen, wir hätten festen Boden unter den Füßen und überhaupt alles im Griff.

Aber plötzlich spüren wir's. Erfahren wir's. Erleiden wir's. Wir sind unterwegs auf rauer See. In einer Fähre, die den wilden Wellen kaum gewachsen scheint. Sie ist vielleicht fluss-tauglich. Aber kaum hochseetauglich. Was hält? Woran kann ich mich halten? Worauf ist Verlass? Was hält stand in den Stürmen des Lebens?

Und wenn alles vorbei ist, die kleinen und großen Katastrophen des Lebens wieder einmal durchgestanden sind? Dann schwanken wir oft genug weiter. Weil wir unsere jugendliche Unbekümmertheit verloren haben. Und das »Kölsche Jrundgesetz« liegt angezählt auf dem Boden des Lebensrings: »Et hät noch emmer joot jejange.« Du bist da nicht mehr ganz so sicher.

Ausgeliefert

Friedlich und fröhlich saßen wir in einem Trailer mitten in einem texanischen Wald und ließen es uns gut gehen. Ein Trailer ist so ein mobiles Zuhause, das man von einem Ort zum anderen ziehen kann. Wenn man will. Unser Trailer stand schon seit vielen Jahren an einem festen Platz und diente in einem Camp für junge Leute als schlichte Mitarbeiterbehausung.

Als wir dort lebten, zwei Monate lang, war das Camp leer. Der nächste Nachbar wohnte eine gute Meile entfernt. Einsamkeit pur. Aber genau das hatten wir ja gesucht.

Im Radio dudelte einer der vielen lokalen Sender. Plötzlich eine aufgeregte Warnung des Moderators: »Attention please! Tornado approaching!« Ein Tornado naht! Geahnt hatten wir's schon vorher. Der Himmel hatte eine seltsame Farbe angenommen und die Bäume rings um unseren Trailer hatten ihre Schwankfrequenz spürbar erhöht. Und die unermüdlichen Zikaden hatten ihren schrillen Singsang nach und nach eingestellt. Alle zwei Minuten nun kam eine neue Warnung.

Genauestens wurde beschrieben, in welchem County der Tornado gerade sein Unwesen trieb. Was aber keine wirkliche Hilfe war. Wir wussten zwar, dass wir uns in der Nähe von Dallas aufhielten, hatten aber keinen blassen Schimmer, wie unser County hieß.

Die Warnungen wurden konkreter: »Wenn's geht, verkriechen Sie sich in einem Schrank!« Hatten wir nicht. Nicht wirklich. Wenigstens nicht so groß, dass wir da reingepasst hätten. »Sollten Sie in einem Trailer leben, ist das besonders gefährlich für Sie! Wenn's geht, suchen Sie ein festes Haus auf!«

Na prima. Kein Haus weit und breit. Und mittlerweile zog ein heftiges Gewitter über unseren County, dessen Namen wir nicht kannten. Dann fiel das Radioprogramm aus. Kein Mucks mehr. Was hieß das? War er jetzt da? Ganz nah? Würde unser Trailer gleich durch die Luft wirbeln?

Warum nur waren wir überhaupt hierher gezogen? In Deutschland gibt es keine Tornados. Oder fast keine. Warum hatten wir nicht da bleiben können, wo es warm und sicher und vertraut war?

Es gibt Momente, da kannst du wirklich nur noch beten. Weil du ausgeliefert bist. Nichts sonst geht mehr. Nichts sonst hilft mehr. Nichts sonst hält mehr. Wir haben gebetet. Und gebibbert. Jedes Geräusch wurde in unseren Ohren unerbittlich verstärkt. Dann wurde es allmählich ruhiger. Der Sturm hatte es sich offensichtlich anders überlegt. Der Sturm – oder Gott? Der Regen ließ nach. Die Bäume ringsum probten wieder den aufrechten Stand. Und allmählich sangen die Zikaden ein lustiges »Es ist vorüber«-Lied.

Später sahen wir Bilder im Fernsehen. Eine Schneise der Verwüstung hatte der Tornado hinterlassen. Aber nicht in unserem County. Nur nebenan. Nur … Und wir sahen Menschen, die ihre verstreuten Habseligkeiten zusammensammelten.

Glück gehabt. Glück?

Vor ein paar Jahren waren wir unterwegs zu einem Gottesdienst nach Solingen. Es war früher Sonntagmorgen. Die Autobahn leer, der Himmel finster. Es schüttete. Im Radio Nachrichten aus Fukushima. Es wurden immer neue Katastrophenmeldungen über dieses Atomkraftwerk in Japan, das von einem Tsunami erwischt worden war, gesendet. Und viele Kommentare von Experten. Entsetzen und Ratlosigkeit überall. Angst. Irgendwie ging's nur noch um die Frage, ob da der GAU oder der SuperGAU eingetreten war. Der größte anzunehmende Unfall. Oder die Steigerung davon. Falls es das überhaupt geben kann …

Dieser frühe Morgen hatte etwas von Weltuntergangsstimmung. Da blitzte plötzlich am Himmel ein Regenbogen auf. Blass erst. Schüchtern. Doch dann immer klarer und bunter und strahlender. Als würde Gott persönlich ein Zeichen an den Himmel setzen. Ein Hoffnungszeichen. *Das* Hoffnungszeichen.

Und wir wussten auf einmal wieder: Doch, es gibt Hoffnung. Gott, der diesen Bogen nach der Sintflut zum Symbol für seine Liebe und Treue an den Himmel gemalt hatte – dieser Gott ist immer noch da. Sitzt immer noch im Regiment. Hat immer noch die Regierungsgewalt. Gestern, heute und in alle Ewigkeit. Und auf einmal war in aller Erschütterung und Sorge Hoffnung in unserem Auto. Hoffnung auf den lebendigen Gott und auf das gigantische Versprechen, das er damals Noah gegeben hatte:

Solange die Erde steht, soll nicht aufhören Saat und Ernte, Frost und Hitze, Sommer und Winter, Tag und Nacht.
1. Mose 8,22

Wenn Stürme dich und alles, was zu dir gehört, aus den Verankerungen reißen, brauchst du einen, der dir Halt und Hoffnung gibt, weil er Wind und Wellen befehligt. Wenn die Erde unter deinen Füßen wankt, brauchst du einen, der über der Erde steht.

Der deutsche Dichter Matthias Claudius hat das in einem Aufsatz einmal so beschrieben:

Etwas Festes muss der Mensch haben, daran er zu Anker liege, etwas, das nicht von ihm abhänge, sondern davon er abhängt. Der Anker muss das Schiff halten; denn, wenn das Schiff den Anker schleppt, so wird der Kurs misslich, und Unglück ist nicht weit.

Ja, etwas Festes brauchen wir: einen Anker, der uns hält.

Etwas Festes braucht der Mensch

Etwas Festes braucht der Mensch:
einen Halt, der jedem Sturm widersteht,
der nicht stirbt, wenn liebe Träume sterben.
Etwas Festes braucht der Mensch:
ein gutes Wort, das trägt durch jede Nacht,
hoffen hilft, liegt seine Welt in Scherben.

Etwas Festes braucht der Mensch:
einen Freund, der zuhört, wenn er klagt,
ihn nicht aufgibt, geht er sich selbst verloren.
Etwas Festes braucht der Mensch:
eine Hand, die ihn durch's Leben führt,
wärmt und tröstet, ist sein Mut erfroren.

Wer den Himmel verliert,
ist heimatlos, hoffnungslos und verloren.
Wer den Himmel gewinnt,
hat ein Zuhaus.
Gott ist Weg und Ziel.

Ich halte dich. Gott

Es war ein schlimmer Unfall gewesen. Lebensgefährlich. Ihr Twingo war von der Straße abgekommen – warum, konnte sie hinterher gar nicht mehr sagen. Er hatte einen Baum gerammt. Sich mehrfach gedreht. Und war auf dem Dach liegen geblieben.

Kommt man aus so einem Auto lebend raus?

Benommen kletterte sie aus dem Haufen Blech und Schrott. Ohne zu wissen, was da eigentlich gerade passiert war. Auch ohne zu wissen, wie lange sie in dem Gehäuse gesteckt hatte, das einmal ihr Twingo gewesen war. Als sie wieder stehen konnte, taumelnd, schwankend, fiel ihr Blick auf die Straße. Überall lagen kleine Verteilkärtchen verstreut, auf denen eine kecke Behauptung stand, Schwarz auf Weiß: »Ich halte dich. – Gott.«

Allmählich verstand sie, was passiert war. Und woher all die kleinen Kärtchen gekommen waren. Nicht vom Himmel, nein. (Obwohl es ganz so aussah.) Nein, aus dem Kofferraum ihres demolierten Autos. Sie hatte sie immer dabei. Zum

Weitergeben. Weil sie davon überzeugt war, dass das stimmte. Weil sie das immer wieder selber erlebt hatte.

Aber noch nie so krass und spektakulär wie dieses Mal.

Ich halte dich. – Gott.

Er musste sie gehalten haben! Denn aus dem verbeulten und verzogenen Gebilde, das einmal ihr Auto gewesen war, kommt man nur lebend raus, wenn man gehalten wird.

Ich halte dich. – Gott.

Die kleine feine Missionsgesellschaft gott.net stellt diese Kärtchen her. In kleinem und handlichem Format. Und auch groß und plakativ. Zuweilen schwebt dieser Satz in Übergröße auf einer Plakatwand am Rand einer Autobahn. Und bringt Menschen zum Nachdenken und vielleicht sogar zur Besinnung.

Menschen wie Rainer.

Ich darf aus einem Brief zitieren, den er geschrieben hat. Lediglich seinen Namen habe ich geändert.

»Seit sechs Jahren weiß ich, dass Jesus lebt! Aber in diesem Jahr bin ich in eine echte Lebens- und Glaubenskrise geraten. Mitten in meinem Durcheinander und Versagen habe ich mich immer wieder gefragt, was Gott von mir eigentlich noch hält.

Als ich neulich meine Eltern im Norden besucht habe, bin ich auf der Autobahn A7 gefahren. Aus Gründen, die ich nicht genau benennen kann, musste ich auf einmal laut und heftig beten. Es ging in etwa darum, ob Gott überhaupt noch Interesse an mir hat oder ob ich schon disqualifiziert bin. So heftig habe ich lange nicht gebetet.

Nachdem ich Amen gesagt hatte, passierte es plötzlich. Ich schaute auf und sah das riesige Schild: ›Ich halte dich. – Gott.‹ Und mein Herz machte einen Sprung. Ich konnte es kaum glauben, aber es war tatsächlich passiert und sicherlich kein Zufall.

Jetzt habe ich wieder große Hoffnung, dass ich aus der Krise herauskomme. Ich danke euch so sehr, dass ihr dieses Schild dort aufgehängt habt und es finanziert. Danke! Danke! Danke!«

Ich halte dich. – Gott.

Auch der Stuttgarter Pfarrer Konrad Eißler hat das bei einem schweren Verkehrsunfall erlebt. »Als ich aus dem zertrümmerten Auto geklettert bin, hat es in mir gebetet. Mein Verstand war dazu nicht in der Lage. ›Der Herr ist mein Hirte. Mir wird nichts mangeln.‹« Der Hirte hatte sich bewährt. Wieder einmal.

Wie gut, wenn man solche Texte der Bibel nicht nur auswendig kennt, sondern inwendig. Wenn sie in uns leben und uns gerade dann einfallen, wenn unser Glaube lahmt. Von oben einfallen. *Zu*fallen.

Christen wissen das. Haben es hundertfach erfahren. Und sind doch so vergesslich. Waren es schon immer. Da muss Gott zuweilen zu spektakulären Maßnahmen greifen, um sie zu erinnern.

Christen? Wir. Ich.

»Lobe den Herrn, meine Seele! Und vergiss nicht, was er

dir Gutes getan hat!« So beginnt Psalm 103, das »Hohelied der Barmherzigkeit Gottes«. Aufgeschrieben von David, dem Sänger, dem König.

»Der Herr« – das ist der Schöpfer des Universums. Unser Vater. Unser Erlöser. Oder besser umgekehrt. Zuallererst ist er unser Vater. Und erst dann der Schöpfer. So wie es im Apostolischen Glaubensbekenntnis steht: »Ich glaube an Gott, den Vater, den Allmächtigen, den Schöpfer des Himmels und der Erde.«

»Meine Seele« – das bin ich. Die Mitte meiner Gedanken und Gefühle. Dort will ich nicht vergessen, dass ich geliebt bin. Und gehalten. Immer und überall. Dort will ich mich erinnern und erinnern lassen.

Einer meiner Lieblingsverse aus der Bibel steht in Psalm 121,3:

> *Er wird deinen Fuß nicht gleiten lassen,*
> *und der dich behütet, schlummert nicht.*

An diesen Vers hat mich Gott immer wieder erinnert. Musste er wohl auch – weil ich so vergesslich bin. Kurz vor der Wahl zum Vorsitzenden der Deutschen Evangelischen Allianz schickte mir ein Freund diesen Vers als SMS. Weil ich so wenig selbstsicher in diese Wahl gegangen bin. Konnte ich das überhaupt? Vorsitzender der Evangelikalen in Deutschland? Sollte ich das? Nach der Wahl gratulierte mir der damalige

Ratsvorsitzende der Evangelischen Kirche in Deutschland, Bischof Wolfgang Huber, mit genau diesem Vers.

Zufall? Wohl kaum.

Und als ich ihn wieder so ganz und gar vergessen hatte, musste mich Gott auf besonders spektakuläre Weise erinnern. Die christliche Band »Allee der Kosmonauten« hatte zu einer besonderen Liedproduktion eingeladen. Verschiedene Liedermacher und Songwriter unterschiedlicher Generationen sollten bei einem neuen Lied jeweils eine Zeile singen. So ähnlich wie beim legendären »We are the world«. Am Schluss las dann Ulrich Parzany zur Musik ein paar Verse aus Psalm 23.

Als ich im Studio war und meine Zeile gesungen hatte, hörte ich die Stimme von Ulrich Parzany. Er las – das konnte nicht wahr sein! – »meinen« Psalmvers: »Er wird deinen Fuß nicht gleiten lassen ...« Das war doch Psalm 121 und nicht 23!

Ich hätte heulen können vor Rührung über diesen fürsorglichen Gott, denn ich steckte gerade wieder einmal mitten in einer Lebensphase, in der ich Angst hatte, ich könnte jeden Moment so auf die Nase fallen, dass an Aufstehen nicht mehr zu denken wäre. Doch Gott hatte mich zum dritten Mal erinnert: Ich halte dich. Zum Heulen schön.

Als ich ein paar Wochen später die fertige Aufnahme hörte, stockte mir der Atem: Ulrich Parzany las nicht mehr Psalm 121, sondern – Psalm 23. Wie vorgesehen. Hatte ich geträumt? Bestimmt nicht. Offensichtlich hatte er's damals nur für mich gelesen ...

Er hält in den Fluten des Lebens

Am Wochenende habe ich immer wieder bei Oma und Opa übernachtet. Auf der Besuchsritze. Also, als ich noch klein war. Zehn oder elf oder so. Das war herrlich, denn am Samstagabend gab's da immer eine ganz große Flasche Zitronensprudel nur für mich. Die hielt aber nicht lange. Ich hatte sie meist schon leergetrunken, wenn Peter Frankenfeld, Willi Millowitsch oder Heidi Kabel die schwarzweiße Fernsehbühne betreten hatten. »Teil dir das doch ein bisschen ein!«, mahnte Opa. »Dann hast du länger was davon.« Aber das war leichter gehört als getan.

Die Besuchsritze war nicht sehr bequem, aber sie bot spannende Ausblicke. Immer wieder nämlich fielen meine Blicke auf einen großen, leicht angegilbten Schwarz-Weiß-Stich, der an der Wand des Schlafzimmers hing. Wie ein unbewegtes Fernsehbild, wenn auch ein bisschen unheimlich. Zu sehen war ein Mann, der in tosenden Wellen zu versinken drohte und der verzweifelt einen Arm aus dem Wasser streckte. Aber da war noch einer. Der stand stark und geheimnisvoll auf dem

Wasser und griff mit übermenschlicher Kraft nach der Hand des Untergehenden. Noch war hier nichts entschieden. Aber dieser Mann auf dem Wasser schien alles im Griff zu haben. Vor allem den, dem das Wasser an die Kehle ging.

Petrus und Jesus waren das, so viel wusste ich auch damals schon. In der Jungschar und im Kindergottesdienst hatte ich manche spannende Geschichte über sie gehört. Aber gesehen habe ich sie nur hier, im Schlafzimmer meiner Großeltern. Und ich war beeindruckt.

Irgendwie habe ich dieses Bild nie vergessen. Das Bild nicht und seine Botschaft schon gar nicht: Auch wenn du beinahe untergehst – einer lässt dich nicht los. Auch wenn du selber nichts und niemanden mehr festhalten kannst – er hält dich. Und zieht dich raus. Und alles ist gut.

So einen wollte ich damals auch haben. So einen Starken, Verlässlichen. So einen will ich bis heute haben. Einen, der bleibt, wenn sich alle anderen aus dem Staub machen. Einen, der über den alltäglichen Bedrohungen steht, der zupackt, wenn mir das Wasser ans Leben will, der fest steht und nicht untergehen kann und der mich deshalb vorm Untergehen bewahrt.

Ich habe ihn damals gefunden. Diesen geheimnisvollen und unverlierbaren Freund fürs Leben. Den Achtgeber. Den Haltgeber. Im CVJM Lüdenscheid-West in der Mathildenstraße. Und der Glaube wurde ein Teil meiner Gedanken und Gefühle. Und dann habe ich eines Tages entdeckt, dass man das auch irgendwie mal festmachen muss. Offiziell. Hielt ich mit meinen Freunden ja auch so. Ich wusste immer genau, mit wem ich gerade so richtig dicke befreundet war und mit wem nicht. Die Konfirmation war ein großartiger Anlass, den Glauben festzumachen. Bei diesem Fest habe ich tatsächlich meine Beziehung zu Gott »konfirmiert«. Festgemacht. Geholfen hat mir da auch ein Satz von Hans Bruns, den mir ein lieber CVJ-Mer einmal gesagt hatte: »Sei ganz sein oder lass es ganz sein.«

Später wollte ich Theologie studieren. Schon auf dem Gymnasium habe ich deshalb mein Hebraicum gemacht, also biblisches Hebräisch gelernt. Warum? Weil viele ältere Freunde auch Theologie studierten. Und weil ich Pfarrer werden wollte. Wenn ich am Sonntagmorgen im Gottesdienst den Predigten unseres Pfarrers lauschte, dachte ich zuweilen: So möchte ich auch glauben können. So unerschütterlich und zweifelsfrei. Was ja wohl daran liegen musste, dass der gute Mann Pfarrer war, also hauptamtlich und vollberuflich glaubte. Wäre ich auch erst einmal so ein Pfarrer, hätte ich dann bestimmt auch alle Fragen und Zweifel hinter mir gelassen. So ein Beruf gibt Gewissheit. Und Halt. Dachte ich.

Na ja, ich wurde dann Journalist. Doch das ist eine andere Geschichte …

Immerhin lockte Gott mich dann irgendwann wenigstens zu einem frommen Sender. Den leite ich nun schon seit rund 20 Jahren. Und erscheine darum wohl längst anderen als einer, der unerschütterlich und zweifelsfrei glaubt.

Wenn's nur wenigstens so wäre …!

Auf der Suche nach dem Haltgeber, dem Freund fürs Leben, habe ich mich auch immer wieder an Vorbildern orientiert. Man braucht Vorbilder, klar. Vor allem, wenn man jung ist. Ich hatte sie reichlich. Das war gut. Das tat gut. Manchmal habe ich mich gefragt: Was würde Klaus jetzt wohl sagen? Was würde Fritz jetzt wohl tun? Und manchmal stand ich in der Gefahr, einfach zu kopieren, was ich bei anderen gesehen und gehört hatte. Doch das änderte sich im Laufe der Zeit. Denn irgendwann bekommt jedes Vorbild einen Sprung. Weil es keine Statue, sondern ein Mensch ist. Ein Mensch mit Stärken und Schwächen.

Will ich Vorbild sein? Kann ich's? Hilfe! Aber vielleicht doch. Ein Vorbild in Sachen Vertrauen und Barmherzigkeit kann ich sein. Vertrauen auf Gott. Vertrauen auf seine Gnade und Barmherzigkeit. Das jedenfalls drückt mein persönlicher Lebens-Leitsatz aus: »An meinem Leben soll die Barmherzigkeit Gottes deutlich werden.« Nicht mehr. Aber auch nicht weniger. Ja, so ein Vorbild möchte ich dann doch gerne sein. Auch wenn Vorbilder keine letzte Orientierung, keinen letzten Halt geben können.

Der letzte Halt ist Christus. Auch wenn sich seit damals fast alles geändert hat in meinem Leben und in dieser Welt, auch wenn ungezählte Menschen gekommen und wieder gegangen sind, inklusive Opa und Oma – dieser Halt hält. Im Auf und Ab der Wellen. Im Sturm und bei Flaute. Der Mann aus dem Himmel. Der Heiland aus der Ewigkeit. Der Gottessohn, der mit beiden Beinen in der Welt steht. In meiner Welt. Und der mich festhält. Der die ganze Welt festhält. Auch wenn ich's immer wieder vergesse. Und die Welt es nicht einmal zu ahnen scheint.

Das will ich immer wieder konfirmieren. Festmachen. Bei dem, der das längst mit mir festgemacht hat. Und der das immer wieder tut. Und der mich sogar dann hält, wenn ich ihn nicht mehr halten kann. Wie damals Petrus, den ich bei Opa und Oma auf der Besuchsritze vor Augen hatte.

Gott muss bauen und bewahren

Gott muss bauen und bewahren
Er muss wachen Tag und Nacht
Muss uns schützen in Gefahren
Er ist Liebe, er hat Macht
Gott bringt unsere Welt zum Klingen
Er alleine gibt Bestand
Und wir beten und wir singen
Und wir bringen ihm das Land

Wir sind die Maurer unsres Lebens
Stein auf Stein wächst unser Haus
Doch manchmal bauen wir vergebens
Ziehn noch vor dem Einzug aus
Wir sind die Maler unsrer Träume
Malen zart und malen schrill
Doch kein Traum füllt die leeren Räume
Weil das Herz den Himmel will

Wir sind die Gärtner unsrer Jahre
Hegen, pflegen Beet um Beet
Doch manchmal kommen schwarze Stare
Picken weg, was wir gesät
Wir sind die Dichter unsrer Lieder
Singen Angst und Schmerzen fort

Doch wir verstummen immer wieder
Ohne Gott fehlt uns das Wort

Gott muss bauen und bewahren
Er muss wachen Tag und Nacht
Muss uns schützen in Gefahren
Er ist Liebe, er hat Macht
Gott bringt unsere Welt zum Klingen
Er alleine gibt Bestand
Und wir beten und wir singen
Und wir bringen ihm das Land

Text: Jürgen Werth, Musik: Hans Werner Scharnowski
© 2003 Felsenfest Musikverlag, Wesel

Wenn Schwäche zur Stärke wird

Er war unser Stärkster. Irgendwie. Ein Gewichtheber der Extraklasse. Und dazu noch ein sooo sympathischer! Matthias Steiner.

Und dann geschah's. Bei den Olympischen Spielen 2012 in London krachte ihm die Hantel mit exakt 196 Kilo ins Genick. Er konnte sie einfach nicht mehr halten. Und die Nation hielt den Atem an. Krankenhaus statt Siegertreppchen. Und unser Stärkster war auf einmal ganz schwach, weil eine Hantel stärker war als er. Zum Glück ist nichts wirklich Dramatisches passiert. Wenig später strahlte Matthias Steiner schon wieder in die Kameras. Noch einmal gut gegangen.

Und trotzdem wissen wir's nun: Irgendwann ist jedem von uns irgendeine Hantel zu schwer. Irgendwann geht irgendwas über unsere Kraft. Irgendwann wird auch der Stärkste schwach.

Aber vielleicht ist das gar nicht so schlimm, wie es auf den ersten Blick aussieht.

Der Apostel Paulus, ein »Gewichtheber des Geistes«, hat

einmal einen geheimnisvollen Satz aus dem Himmel gehört, der einen göttlichen Kontrapunkt zu unseren Erfahrungen setzt:

»Meine Kraft ist in den Schwachen mächtig.«

Paulus war eigentlich ein Starker. Eigentlich. Jedenfalls war er einer der gebildetsten Männer seiner Zeit. Er entwickelte im Laufe seines Lebens einen schier unglaublich großen Aktionsradius und entfaltete eine Wirkung auf die nachfolgenden Jahrhunderte, die ihresgleichen sucht.

Aber er war ein Starker, der unter einer besonderen Schwäche gelitten hat.

Vielleicht war das eine Redeschwäche. Jedenfalls warfen ihm das die Christen in der Gemeinde von Korinth vor: Schreiben kann er – aber wenn er redet, schläft man ein. Vielleicht aber litt er auch unter einer schmerzhaften körperlichen Krankheit. Oder einer seelischen. Jedenfalls war es eine massive Einschränkung seines Dienstes. Er schreibt selber:

Damit ich mich wegen der hohen Offenbarungen nicht überhebe, ist mir gegeben ein Pfahl ins Fleisch, nämlich des Satans Engel, der mich mit Fäusten schlagen soll, damit ich mich nicht überhebe. Seinetwegen habe ich dreimal zum Herrn gefleht, dass er von mir weiche. Und er hat zu mir gesagt: Lass dir an meiner Gnade genügen; denn meine Kraft ist in den Schwachen mächtig. Darum will ich mich am allerliebsten rühmen

meiner Schwachheit, damit die Kraft Christi
bei mir wohne. Darum bin ich guten Mutes in
Schwachheit, in Misshandlungen, in Nöten, in
Verfolgungen und Ängsten um Christi willen;
denn wenn ich schwach bin, so bin ich stark.
1. Korinther 12, 78–80

Paulus wollte seine Schwäche weg haben, klar. Denn Schwächen schwächen. Immer wieder hat er gebetet: Ich könnte noch sooo viel stärker sein! Effektiver. Effizienter. Nimm mir diese Schwäche, lieber Herr!

Doch dann sagt Jesus zu ihm: Ohne deine Schwäche wärst du schwächer, Paulus. In meiner Welt machen Schwächen stark. Lass dir an meiner Gnade genügen, denn meine Kraft ist in den Schwachen mächtig. Mehr noch: Meine Kraft kommt erst in Schwachheit richtig zur Vollendung. Denn nur Schwache greifen nach dem einzigen Halt, der hält.

Ist das das Todesurteil für alle Starken?

Nein! Aber Starke und Schwache bekommen hier eine neue Perspektive: Wenn ich am Ende bin mit meiner Kraft, werde ich wirklich stark, denn ich erfahre die Kraft Gottes auf ungeahnte Weise. Wenn ich nichts mehr halten kann, erfahre ich, dass ich gehalten werde. Ich muss mich nicht vor meiner Schwäche fürchten.

»Das schaffen wir schon, Oma!«, sagte einst unser Ältester, als er fünf oder sechs Jahre alt war. Oma hatte eingekauft und die Taschen waren immer schwerer und die Arme immer länger geworden. Und der Blick nach einem Taxi immer sehnsuchtsvoller. »Das schaffen wir schon!« Wir. Obwohl er nicht wirklich helfen konnte. Nur Mut machen.

Sein Satz ist zum geflügelten Familienwort geworden. Oma hat ihn immer wieder zitiert, wenn alles zu schwer zu werden drohte. Aber am Ende ihres Lebens, mit fast 90, hat auch dieser Satz nicht mehr geholfen.

Wir schaffen viel. Wir können und sollen viel schaffen. Wir können uns gegenseitig ganz viel Mut machen auf den Durststrecken des Lebens. Aber irgendwann sind wir mit unserem Latein und mit unserer Kraft am Ende.

Man muss gar nichts dafür tun. Man muss einfach nur älter werden.

Oder es kommt plötzlich, mitten in der Hoch-Zeit des Lebens. Und die Hoch-Zeit wird zum Tiefpunkt. Da wirft uns ein Unfall aus dem Auto und aus der Bahn. Da laufen die Geschäfte auf einmal so gar nicht mehr, und die Banken drehen den Hahn zu. Da liegst du plötzlich im Krankenhaus und kommst nicht mehr raus – dabei warst du doch regelmäßig joggen. Da kannst du auf einmal nicht mehr anderen helfen, musst dir helfen lassen. In solchen Situationen hast du kein gutes Wort mehr für die anderen, da lechzt du nach einem guten Wort, das andere dir sagen.

Was bleibt, wenn du bisher nur auf deine eigene Stärke vertraut hast? Nicht viel! Wer nur das eigene Latein beherrscht, ist irgendwann sprachlos. Und wer nur auf die eigene Kraft setzt, ist irgendwann kraftlos. Machtlos. Hilflos.

Mancher reißt sich zusammen. Bewahrt Haltung: das Reserveprogramm für alle, die jeden Halt verloren haben. Damit's die anderen nicht merken. Damit ihnen keiner auf die Schliche kommt. Und er wird vielleicht hart.

Diesen Satz der deutschen Schriftstellerin Tilly Boesche-Zacharowski habe ich vor einiger Zeit gefunden: »Nur der Schwache wappnet sich mit Härte. Wahre Stärke kann sich Toleranz, Verständnis und Güte leisten.«

Vielleicht sind das die eigentlich Schwachen: Die nichts haben als ihre eigene Stärke. Ihre vermeintliche Stärke. Die sich nur an sich selber festhalten und die ständig darauf achten müssen, dass sie stark sind und bleiben – und dass das aber auch wirklich niemand jemals in Zweifel zieht.

Wie entspannend ist es dagegen zu wissen, was man ist und was man kann – und das auch einzusetzen. Und auch zu wissen, was man nicht ist und niemals können wird. Es ist so entspannend, wenn man Ja sagen kann zu den eigenen Stärken und zu seinen Schwächen.

Niemand ist immer stark. Niemand muss immer stark sein. Niemand muss alles können. Niemand muss alles sein. Jeder braucht wenigstens einen anderen. Und das ist gut so. Sonst nämlich würde man einsam. Würde man nie das Glück menschlicher Gemeinschaft erleben und die Kraft Gottes, die in Schwachheit zur Vollendung kommt.

Getröstet und getragen

Ich habe diese Geschichte schon oft erzählt. Weil sie so klassisch ist. Pfarrer Paul Deitenbeck aus Lüdenscheid musste schon früh eines seiner Kinder beerdigen. Viele in der Gemeinde hatten für seine Tochter gebetet. Vergeblich gebetet allerdings. Die Kleine war trotz allem gestorben.

Aber nur scheinbar vergeblich gebetet hatten sie. Denn da war anschließend so viel Trost. So viel Getragensein. So viel Hoffnung. Die Deitenbecks wussten bei aller abgrundtiefen Trauer ihr Kind in den Armen Gottes.

Paul Deitenbeck sagte später: »Gott wollte sich durch unsere Wunden verherrlichen. Nicht durch ein Wunder.«

Auch wenn er und seine Frau dieses Wunder so sehr herbeigesehnt hatten: Die Menschen innerhalb und außerhalb der Gemeinde staunten, wie viel Kraft und Trost der Glaube an Gott gibt. Und nicht wenige sagten: An diesen Gott möchte ich auch glauben können.

Immer wieder kann man das erleben. Da kommst du mit weichen Knien in ein Krankenzimmer. Willst trösten. Hast dir lange überlegt, was du sagen willst und wie. Aber es fällt dir nichts Gescheites ein. Und dann wirst *du* getröstet. Vom Kranken. Vom Sterbenden. Und gehst ermutigt nach Hause. Du hast nichts gesagt. Aber so viel Kostbares gesehen und gehört.

Da ist einer erbärmlich schwach, liegt im Sterben, muss wieder gefüttert und gepampert werden wie ein Neugeborenes, und Stärke strahlt aus allen Knopflöchern. Das ist eine Stärke, die nicht von dieser Welt ist. Es ist die Stärke des Himmels, der sich hier schon still auf der Erde niedergelassen hat im Körper und in der Seele eines Sterbenden.

Und Menschen fangen an zu staunen.

Als mein Vater nach langen schweren Jahren im Sterben lag, habe ich das immer wieder von Besuchern gehört: »Ich wollte ihn trösten. Doch dann hat er mich getröstet.« Und die Ärzte staunten: »So einen freundlichen und geduldigen Patienten haben wir noch nicht gehabt.« Dabei war mein Vater alles andere als ein geduldiger Mensch gewesen.

Aber das zeigt: Du hast es nicht in der Hand, wie du dein Leben beendest. Du hast es nicht in der Hand, ob du dann noch als geduldig und freundlich wahrgenommen wirst. Du hast auch nicht in der Hand, wie du reagierst, wenn ein guter Freund stirbt. Eine gute Freundin. Oder der Vater, die Mutter. Oder gar ein Kind. Du hast es nicht in der Hand, ob du trösten kannst oder selber Trost brauchst.

Wenn du Stärke erlebst mitten in deiner Schwachheit, dann

ist das in der Regel keine Stärke, die aus dir heraus kommt. An der Grenze des Todes betrittst du das, was der Theologe Karl Rahner einmal »Gottes schweigende Finsternis« genannt hat. Und das macht Angst.

Aber mitten in den dunklen Tälern der Todesschatten, die Psalm 23 beschreibt, triffst du Jesus. Den gekreuzigten Jesus. Den leidenden Gottessohn. Den Schmerzensmann. Der versteht, der mitleidet, der jedem, der leidet, unvorstellbar nahe ist. Näher als der nächste Angehörige.

Immer wieder beeindruckt mich die Geschichte von der Auferweckung des Lazarus, die Johannes in Kapitel 11 seines Evangeliums erzählt. Da steht Jesus vor der Grabhöhle, in die man seinen toten Freund gelegt hat, und ihm gehen »die Augen über« (Vers 35 nach der Übersetzung von Martin Luther). Seitdem denke ich das an jedem Grab, an das ich in den letzten Jahren getreten bin: Jesus steht neben den Trauernden, er steht neben mir und er weint. Weint mit. Weil er mitfühlt. Mitleidet. Weil er mit uns an der Grausamkeit des Todes leidet.

Ja, der Tod ist grausam. Ja, Sterben ist grausam. Ob du das glaubst oder nicht.

Aber der, der neben uns steht, ist der Auferstandene. Der, der den Tod endgültig entmachtet hat. Er hat Kraft. Er hat Trost. Denn diese Kraft und dieser Trost sind nicht von dieser Welt. Sie kommen von Gott. Sie kommen direkt aus dem Himmel.

Wer nicht mehr weiter weiß, wird staunen. Er entdeckt eine andere, größere Kraft. Eine andere, größere Wirklichkeit. Aber vielleicht entdeckt man *die* tatsächlich nur dann, wenn man selber nicht mehr weiter weiß. Wenn alle eigenen Strategien versagen.

Aber es gilt auch das, was Martin Luther einmal so gesagt hat:

Unser Leben muss mit einem Stücklein Kreuz angerichtet sein, damit es nicht verdirbt.

Vielleicht verliert man sich in den Belanglosigkeiten des Lebens, wenn es einem dauerhaft allzu gut geht. Vielleicht wird man auch hochnäsig. Arrogant. Selbstherrlich. Und ein bisschen unbarmherzig denen gegenüber, die am Leben leiden. Vielleicht vergisst man, was wirklich zählt im Leben. Vielleicht verliert man die Mitte. Sich selbst. Gott.

Wenn nichts sonst mehr hält, entdeckst du vielleicht, dass du von der Hand Gottes gehalten wirst. Und du wirst ein einfühlsamer, barmherziger Mensch, der anderen Halt geben kann. Wenn du den Eindruck hast, du kannst dieses Leben nicht mehr ertragen, spürst du vielleicht, dass du getragen bist, und wirst ein Mensch, der andere tragen kann.

Sie kennen diese Geschichte:

Ein Mensch träumt sein Leben, das einem Spaziergang am Strand gleicht. Er sieht all die Bilder der Vergangenheit am Horizont und dazu Fußspuren im Sand. Überall zwei Paar. Denn Gott geht an seiner Seite. Immer und überall.

Fast immer und überall. Denn als besonders dunkle Erinnerungen aufscheinen, ist eins der beiden Spurenpaare im Sand auf einmal verschwunden. Enttäuscht wendet er sich an seinen Begleiter:

»Warum hast du mich gerade in diesen Zeiten allein gelassen, Gott?«

Doch der lächelt nur und sagt:

»Die Spuren, die du siehst, sind meine, nicht deine. In diesen dunklen Zeiten nämlich habe ich dich auf meinen Schultern getragen.«

Also: Keine Angst vor Zeiten der Schwäche. Sie können Zeiten der Stärke werden. Weil sie Zeiten auf den Schultern Gottes sind.

Und wenn die Schwalben nicht mehr fliegen

Und wenn die Schwalben nicht mehr fliegen
Und wenn die Züge nicht mehr fahrn
Wenn Tanker tot im Hafen liegen
und nur Erinnerung bewahrn
Und wenn die Dichter nichts mehr schreiben
Und wenn die Maler nichts mehr sehn
Wenn ihre Bilder Leinwand bleiben
Und leere Seiten Schlange stehn

Und wenn Gebete nur noch leiern
Und wenn die Bibel eisern schweigt
Wenn Stolz und Zweifel Hochzeit feiern
Und keine Zuversicht sich zeigt
Und wenn die Lieder nicht mehr klingen
die Angst das Notenblatt versteckt
Wenn alles schweigt, anstatt zu singen
Wenn Zorn die eignen Wunden leckt

Und wenn es einfach nicht mehr läutet
Und wenn kein Brief im Kasten liegt
Wenn beinah nichts mehr was bedeutet
Und nichts die Einsamkeit besiegt

Und wenn die Füße nicht mehr tragen
Und wenn die Augen kaum noch sehn
Wenn spröde Lippen nichts mehr sagen
Und taube Ohren nichts verstehn

Dann trittst du manchmal ein
willst zu Gast bei mir sein
Nimmst mir ab, was ich trag
du machst Licht, es wird Tag
Als trät' ich bei dir ein
darf zu Gast bei dir sein
Ich leg ab, was ich trag
Es wird hell. Es ist Tag

Menschen brauchen Menschen

Menschen brauchen Menschen. Menschen, die einfach verstehen, auch wenn du nichts sagen kannst. Die mit dir und für dich beten, wenn dir die eigenen Worte im Hals stecken bleiben. Menschen, die stützen, wenn deine Hand ins Leere greift. Menschen, die trösten, wenn dir Trauer und Trostlosigkeit die Kehle zuschnüren. Menschen, die dich wortlos in den Arm nehmen.

Menschen, die einfach da sind.

Freund sind.

Freundin sind.

Vater, Mutter, Bruder, Schwester sind.

Die Mutter war gestorben. Ganz plötzlich. Und mit ihr die Seele der Familie. Alle waren unendlich hoffnungslos. Perspektivlos. Was sollte nur werden! Freunde aus der Gemeinde kamen zu Besuch. Jeden Tag. Die einen mit einem guten Wort. Die anderen mit einer guten Hand. Eine brachte einen Kuchen mit. Eine andere kochte das Mittagessen. Einer schrieb Adressen auf die Trauerbriefe. Ein anderer fegte die

Hofeinfahrt. Und die Familie hörte es nicht nur, nein, sie sah und spürte es jeden Tag: Wir sind nicht allein in unserem Schmerz.

»In einem guten Wort ist Wärme für drei Winter«, heißt es in einem mongolischen Sprichwort. In einer freundlichen Geste, einer herzlichen Umarmung, einer hilfreichen Tat vielleicht sogar doppelt so viel.

Wir brauchen das. Und wir sollten andere großzügig damit bedenken.

Niemand darf alleine leben, alleine glauben. Niemand darf alleine feiern. Alleine trauern. Er darf es nicht. Und er muss es nicht. Schon zu Beginn der Schöpfung sagt Gott:

»Es ist nicht gut, dass der Mensch allein sei.«

Und er stellt dem Menschen Adam die »Menschin« Eva zur Seite.

Menschen sind Gemeinschaftswesen. Füreinander geschaffen. Füreinander bestimmt. Aufeinander bezogen. Aufeinander angewiesen.

Auch Christenmenschen. Nicht zufällig beten sie »Vater unser«. Es gehört zu den wunderbaren Entdeckungen des Pietismus, dass ein Mensch auch allein zu Gott Vater sagen kann. Dass er »einen persönlichen Heiland« haben darf. Aber auch der Pietismus betont die Bedeutung der Gemeinschaft.

»Ich konstatiere kein Christentum ohne Gemeinschaft!«, hat Nikolaus Graf von Zinzendorf einmal gesagt.

Paulus, der erste christliche Missionar, hat landauf, landab vor allem eines getan: Er hat Gemeinden gegründet. Er wusste: Einzelne Christenmenschen sind dem Druck ihrer heidnischen Umgebung niemals gewachsen. Dem Druck der Umgebung nicht und dem Druck des eigenen Lebensschicksals schon gar nicht.

Was ja aber nicht erst eine Entdeckung aus neutestamentlicher Zeit ist. Siehe Schöpfungsbericht. Schauen Sie mal in das alte jüdische Weisheitsbuch Kohelet, das wir auch als Prediger kennen. In Kapitel 4 kann man lesen:

> So ist's ja besser zu zweien als allein; denn sie haben guten Lohn für ihre Mühe. Fällt einer von ihnen, so hilft ihm sein Gesell auf. Weh dem, der allein ist, wenn er fällt! Dann ist kein anderer da, der ihm aufhilft. Auch, wenn zwei beieinander liegen, wärmen sie sich; wie kann ein Einzelner warm werden? Einer mag überwältigt werden, aber zwei können widerstehen, und eine dreifache Schnur reißt nicht leicht entzwei.

Aber wenn es keinen anderen gibt? Dann muss ich mich auf die Suche machen. Und wenn mich keiner anspricht? Dann muss ich andere ansprechen. Und wenn mich keiner einlädt? Dann muss ich andere einladen.

Wenn ich keine Freundin oder keinen Freund habe, muss

ich für einen anderen Freundin oder Freund sein. Oder Gott um einen solchen Freund, eine solche Freundin bitten. Manchmal muss man ein halbes Leben lang warten. Manchmal fällt einem solch ein besonderer Mensch buchstäblich in den Schoß. Als Geschenk direkt aus dem Himmel.

Menschen brauchen Menschen.

Und trotzdem: Wirklich dauerhaften und krisensicheren Halt können Menschen nicht geben. Irgendwann muss ich die Hand des anderen loslassen. Oder er meine. Weil unsere Kraft nicht mehr ausreicht. Weil wir selber einen brauchen, der uns hält.

Aber dann können wir beten. Füreinander beten. Miteinander beten. Und damit die Hand des anderen in eine andere Hand legen, eine ewige Hand mit himmlischer, unerschöpflicher Kraft. Eine Hand, die nie loslassen muss. Nie loslassen wird.

Wer betet, schleppt einen anderen zu Gott. Legt seine Hand in die Hand Gottes und sagt: Nun übernimm du, lieber Vater. Halte du! Kümmere du dich! Sorge du!

So sind wir Menschen füreinander vor allem eins: Vermittler.

Und Wegweiser. Und das gleich im doppelten Wortsinn. Zunächst sind wir Weg-Weiser. Wir weisen weg von uns: Ich kann dein Gott nicht sein. Ich kann deine Wunden nicht heilen. Ich kann sie nur verbinden und dich dorthin bringen, wo dir nachhaltig und dauerhaft geholfen wird.

Weg-Weiser sind wir. Und natürlich auch Wegweiser. Wir weisen den Weg zum Vater. Zum großen ewigen Kümmerer. Zum Vater unseres Herrn Jesus Christus. Zum Schöpfer und Erhalter des Lebens. Dem Erlöser. Dem Heiland. Dem Arzt.

Geradezu sprichwörtlich ist die biblische Freundschaft zwischen David und Jonatan. Die passen eigentlich nicht zueinander: Jonatan, der Sohn des Noch-Königs Saul und David, der Noch-nicht-König von Israel, der von Saul erbittert bekämpft wird. Jonatan hilft und schützt und unterstützt David, wo er nur kann. Die beiden werden Freunde und schließen einen Bund vor Gott. Der Kern dieses Bundes wird im 1. Buch Samuel, Kapitel 23, so beschrieben:

> *Da machte sich Jonatan, Sauls Sohn, auf und*
> *ging hin zu David nach Horescha und stärkte sein*
> *Vertrauen auf Gott.*

Die Freundschaft dieser beiden jungen Männer war etwas Besonderes. So wie jede wirkliche Freundschaft etwas Besonderes ist. Ein Himmelsgeschenk. Zwei, die einander blind vertrauen und verstehen, die über dieselben Ereignisse lachen oder weinen, die füreinander eintreten vor Gott und vor Menschen.

Hingehen und das Vertrauen auf Gott stärken – das ist vielleicht der tiefste Sinn einer Freundschaft, die kostbarste Aufgabe in jeder Beziehung. Ich nehme die Hand meines

Freundes und lege sie in die Hand des himmlischen Freundes. Etwas Besseres, Größeres können wir füreinander wohl nicht tun, füreinander wohl nicht sein. Das gilt auch für Eltern und Kinder. Wäre das nicht ein unübertreffbares Erziehungsziel: die Hand der Kinder loslassen und sie in die Hand des himmlischen Vaters legen, der unendlich besser für sie sorgen kann als wir? Und später dann als Kinder alt und gebrechlich gewordener Eltern: ihre Hände loslassen und sie in die Hände des Vaters legen, der niemals alt und gebrechlich wird?

Für das Musical »Hoffnungsland«, das den Auszug der Israeliten aus Ägypten beschreibt, habe ich dem sterbenden Mose die folgenden Zeilen in den Mund gelegt:

Ich geb sie aus der Hand.
Sie sind nicht meine Kinder.
Ich geb sie aus der Hand,
denn sie gehören dir.
Ich seh ihr neues Land.
Sie sind nicht meine Kinder.
Nimm du sie an die Hand!
Ich weiß, ich bleibe hier.

Ich habe sie geliebt,
sie haben mich betrübt.
Doch nun sind wir am Ziel.
Sie gehen nun allein.

Doch du wirst um sie sein.
*Mehr gibt es nicht, was ich will.**

Wäre das nicht auch ein wunderbares Selbstverständnis für jede Gemeinde? Einander auf Gott verweisen? Die Hand des anderen in die Hand Gottes legen? Einander an seine Versprechen erinnern? Einander sein Wort sagen?

Unsere Kirchen und Gemeinden würden so ganz neu ein Ort, an dem die Barmherzigkeit Gottes zu Hause ist. Ein Ort, an dem Menschen Menschen sagen und zeigen, dass *er* hält. Hier und jetzt und dort und immer.

---

* aus dem Lied: Sie sind nicht meine Kinder.
Text: Jürgen Werth, Musik: Hans Werner Scharnowski
© 1998 Felsenfest Musikverlag, Wesel

Und da sind Menschen

Einer lehrte mich laufen.
Einer lehrte mich tanzen.
Einer schenkte mir Worte.
Und ein anderer ein Lied.
Einer formte mein Denken.
Einer prägte mein Leben.
Einer zeigte mir das,
was man mit Augen nicht sieht.
Einer lehrte mich fragen.
Einer lehrte mich glauben.
Einer half mir zu lachen.
Einer weinte mit mir.
Einer säte die Liebe.
Einer pflegte die Hoffnung.
Einer zeigte den Himmel.
Einer war meine Tür.

Und da sind Menschen.
Gefährten und Freunde.
Und da sind Menschen.
Mein Leben ist reich.

Vielen Dank, ihr Gefährten
in den Gefahren des Lebens.
Vielen Dank, ihr Begleiter
durch das Lachen, das Leid.
Gerne will ich euch geben,
was ich selber bekommen.
Und ich will für euch da sein
als Gefährte auf Zeit.
Und ich will nach euch sehen.
Und ich will auf euch hören.
Zu verstehen versuchen,
wie ihr mich meist versteht.
Und ich will für euch hoffen.
Und ich will für euch beten.
Und des Nachts will ich zeigen,
wo der Morgenstern steht.

Zu Jesus geschleppt

Jesus ist in Kapernaum. Im legendären Kapernaum. Seinem Kapernaum. Denn hier ist er zu Hause. Weil Petrus hier zu Hause ist. Kapernaum ist die schwarze Stadt am See Genezareth. Die Häuser sind aus schwarzem Basalt gebaut. Flach und einstöckig.

Wie immer hat sich herumgesprochen, dass er da ist. Wie immer wird das Haus, in dem er wohnt, belagert von Hunderten von Menschen, die Hilfe von ihm erwarten, wenigstens ein gutes Wort, besser noch wirkliche Heilungen. In den ersten Reihen die, die diesem Jesus lieber heute als morgen das Handwerk legen möchten. Die nur darauf warten, dass er den entscheidenden Fehler macht, auf den sie ihn festnageln können. Pharisäer. Schriftgelehrte. Die Weisen und Frommen des Landes. Von überall her sind sie zusammengekommen. Ein Haus im Belagerungszustand. Jesus im Belagerungszustand. Da naht sich eine eigenartige Gruppe von Menschen: vier Männer, die einen Freund auf einer Matte heranschleppen. Der ist gelähmt. Kann nicht auf eigenen Beinen zu Jesus kommen. Kann gar nichts mehr. Und hofft gar nichts mehr. Denn niemand konnte ihm bisher helfen. Kann es dieser Jesus?

Ob der Gelähmte seine Freunde gebeten hat, ihn hierher zu schleppen? Oder ob es ihre Idee war? Wessen Hoffnung wessen Hoffnungslosigkeit überwunden hat – wir wissen es nicht. Auch nicht, ob diese Gruppe schon eine längere Reise hinter sich hat. Eine lange, anstrengende Reise. Am See Genezareth kann es sehr heiß werden. Ich hatte dort schon mal fast 50 Grad …

Jedenfalls muss der lahme Mann seinen Freunden sehr wichtig gewesen sein, sonst macht man so etwas nicht. Sie mussten sich zusammentun. Alleine schafft man so etwas nicht.

Aber nun sehen sie schon von weitem, dass sie keine Chance haben, ins Haus zu gelangen.

Da kommt einer auf einen aberwitzigen Gedanken: Wir klettern auf das flache Dach des Hauses, decken die Schindeln ab und lassen unseren Freund an Seilen hinunter, Jesus direkt vor die Füße, dann kann er ihn nicht abweisen.

Und genauso machen sie es. Und die lauschende Menge sieht auf einmal erschrocken, wie da ein Mann, der auf einer Bahre liegt, an Seilen vom Dach heruntergeschwebt kommt und direkt vor Jesus landet.

Alle halten den Atem an. Wie wird Jesus reagieren? Ärgerlich? »Moment mal, ihr seid noch lange nicht dran!« Oder gar zornig? »Hab ich nicht schon genug zu tun mit den anderen Leuten hier? Was fällt euch ein! Weg mit ihm! Stellt euch hinten an!«

Nein, Jesus ist offenbar beeindruckt. Vielleicht sogar begeistert. Da haben sich Menschen ganz viel einfallen lassen, um ihren Freund dorthin zu bringen, wo ihm geholfen wird.

Der liegt nun vor Jesus und starrt ihn mit ängstlichen und erwartungsvollen Augen an.

Und was sagt Jesus?

»Mein Sohn, deine Sünden sind dir vergeben.«

Die Leute werden irritiert gewesen sein. Vor allem die scheinbar frommen Experten der Heiligen Schrift. Sünden vergeben? Das kann nur Gott! Außerdem: Dieser Mann ist krank! Körperlich krank! Er braucht praktische und körperliche Hilfe und keine seelsorgerliche! Er braucht ein Wunder und nicht die Vergebung seiner Sünden!

Aber wer sich auf Jesus einlässt, muss damit rechnen, nicht nur ein paar hilfreiche Medikamente verschrieben zu bekommen, nicht nur ein paar schmerzstillende Tabletten oder lindernde Salben. Wer sich auf Jesus einlässt, muss sich darauf einstellen, dass ihm gründlich geholfen wird, ganz und gar. Jesus geht es nie nur um den Körper. Jesus geht es auch um die Seele. Jesus geht es nie nur um unsere Zeit hier auf der Erde. Jesus geht es um die Ewigkeit. Denn Jesus ist Gott. Gott in dieser Welt. Gott aus Fleisch und Blut. Gott mit Hand und Fuß.

Wenn er Menschen hilft, dann hilft er ihnen umfassend.

Überbrückt den tiefen Graben, der Menschen von Gott trennt, diesen »Sund«, den die Bibel Sünde nennt. Er vergibt alle Worte, die man besser nicht gesagt hätte. Alle Gedanken, die man besser nicht gedacht hätte. Alle Gottvergessenheit und Selbstverliebtheit.

»Mein Sohn, deine Sünden sind dir vergeben.«

Aber Jesus lässt es dabei nicht bewenden. Als zweites sagt er dann auch noch den Satz, auf den der Gelähmte und seine Freunde so sehnsüchtig gewartet haben:

»Steh auf, nimm dein Bett und geh nach Hause. Du bist gesund.« Und die Umstehenden sind sprachlos.

Der Gelähmte und seine vier Träger: Ist diese Sanitätergruppe nicht ein Bild für die Gemeinde? Für die Gemeinschaft der Christen? Für die Kirche?

Gemeinsam sind wir unterwegs. Gemeinsam engagiert. Säen gute Worte und gute Taten in die Welt. Schleppen Menschen zu Jesus. Gemeinsam. Weil es nur gemeinsam geht.

So eine Trage trägt man ja nicht zu zweit oder zu dritt. Und selbst wenn man vier Träger hat – irgendwann wird einer müde. Dann müssen andere zupacken. Wie gut, dass wir viele sind.

Nur so können wir einander beistehen. Nur so können wir uns da einmischen, wo Unrecht geschieht. Nur so können wir Salz der Erde und Licht der Welt sein.

Wir sind viele, und jeder von den vielen wird gebraucht. Auf niemanden können wir verzichten. Lässt nur einer die

Trage los, liegt der Gelähmte im Dreck. Liegt die Welt im Dreck. Liegt unser Land im Dreck. Liegt die Kirche im Dreck.

Und jeder hat seinen zugewiesenen Platz, seine Platzanweisung. Seine besondere Gabe ist seine besondere Aufgabe. Wollten alle hinten links tragen, wir kämen keinen Meter weit.

Aber auch das Ziel der Reise muss stimmen: Es geht in der Kirche immer zu Jesus. Und nur zu ihm.

Wir halten andere, solange die Kräfte reichen. Doch wir bringen sie zu Jesus, dem nie die Kräfte schwinden. Der die Halter und die Gehaltenen hält.

Da ist ein früherer Mitarbeiter am Telefon. Heulend. »Meine Frau liegt im Sterben!« O nein! Er hat doch selbst gerade erst eine heftige Krebserkrankung hinter sich. Was sagt man eigentlich in solchen Momenten? Womit kann man wirklich trösten? Da bleiben einem doch alle Allerweltströstungen im Halse stecken. Ich kann nur mit ihm heulen. Ihn irgendwie in den Arm nehmen, was auch am Telefon geht. Und mit ihm beten. Mit ihm zu dem gehen, der gesagt hat: »Ich bin die Auferstehung und das Leben!« Zu dem, der die Schlüssel des Todes hat. Der alleine helfen und halten und trösten kann. Ich habe doch keine Worte, die andere wirklich trösten!

Aber er hat sie. Darum schleppen wir Menschen zu Jesus. Menschen, Fragen und Probleme. Gemeinden, Städte, Länder. Die ganze Welt. Wir schleppen alles zu ihm. Weil's nur bei ihm wirkliche und nachhaltige Hilfe gibt.

Vor vielen Jahren ist mir ein Text des indischen Theologen Daniel T. Niles begegnet. Er stammt aus einem Brief, den er einmal an einen Buddhisten geschrieben hat.

> *Evangelium verkündigen heißt Zeugnis ablegen. Das geschieht so, dass ein Bettler dem anderen erzählt, wo man etwas zu essen bekommen kann. Der Christ hat nichts anzubieten aus einem Vorrat, über den er verfügt. Er hat nichts angesammelt. Er ist nur Gast am Tisch seines Herrn, und als Botschafter des Evangeliums lädt er die anderen dazu ein.*

Ach, wir würden ja so gern allein die Welt retten! Und die Menschen! Würden so gern zu uns einladen, an unseren Tisch! Würden so gern über unsere Haustüren und Kirchentüren schreiben: »Kommen Sie zu uns! Wir haben alles, was Sie brauchen! Hier wird Ihnen geholfen! Hier werden Sie satt!« Aber die Vorräte in unseren Speisekammern reichen nicht aus. Und unsere Kraft ist allzu schnell erschöpft.

Wir sind's wohl tatsächlich: Bettler unter Bettlern.

Das drücken auch die letzten geschriebenen Worte von Martin Luther aus, hingekritzelt an seinem Sterbetag am 18. Februar 1546. Und das am Ende eines unglaublich gefüllten und erfüllten Lebens, das die Welt verändert hat:

»Wir sind Bettler, das ist wahr.«

Wir sind Bettler und bringen andere Bettler an die himmlische Tafel. Gemeinsam. Wir bringen sie zum dreieinigen Gott. Dem Vater, dem Sohn, dem Heiligen Geist. Zum Vater, dem Schöpfer des Universums. Dem »Ich bin da. Ich bin immer da. Ich bin immer für dich da.« Zum Sohn, der sich in die Hände der Menschen gibt. Der so klein wird, dass er in einen Futtertrog passt. Der sich an ein römisches Hinrichtungskreuz nageln lässt. Der sich uns gibt in Brot und Wein. Wir bringen Menschen zum Gekreuzigten und Auferstandenen. Zu dem, der gekommen ist und der kommt. Wir bringen sie zum Geist, Tröster und Zusammenbringer und Zusammenhalter. Zum Erklärer und Erheller.

Es geht zu ihm. Zu dem, der sich immer neu auf den Weg macht zu uns.

Menschen müssen nicht Gott sein

Der Oberbürgermeister war wiedergewählt worden. Ein frommer Christ. Am Sonntag nach der Wahl wurde in einer Gemeinde für ihn gebetet. Ein alter Mann begann mit den Worten: »Auch Fürsten sind vom Weibe geboren …«

Was reichlich pathetisch war. Aber auch irgendwie richtig. »Vom Weibe geboren« sind wir allesamt. Und am Ende heißt es: »Erde zu Erde, Asche zu Asche, Staub zu Staub.«

Der alte Mann im Gottesdienst hatte keine neue Erkenntnis formuliert. Vielmehr hatte er wohl an Psalm 146 gedacht:

> *Verlasset euch nicht auf Fürsten; sie sind Menschen, die können ja nicht helfen. Denn des Menschen Geist muss davon, und er muss wieder zu Erde werden; dann sind verloren alle seine Pläne. Wohl dem, dessen Hilfe der Gott Jakobs ist, der seine Hoffnung setzt auf den Herrn, seinen Gott, der Himmel und Erde gemacht hat, das Meer und alles, was darinnen ist; der Treue hält ewiglich,*

der Recht schafft denen, die Gewalt leiden, der die
Hungrigen speiset. Der Herr macht die Gefange-
nen frei.

Keine Frage: Menschen brauchen Menschen. Niemand kann allein auf dieser Welt leben. Doch Gott will nicht, dass ein Mensch *seinen* Platz einnimmt. Auch, weil er seine Kinder vor erbarmungsloser Überforderung schützen will. Ein Mensch kann niemals der Gott eines anderen Menschen sein. Er sollte es zumindest nicht.

Daraus schlussfolgert der Jesuit Roman Bleistein, dass es in der Liebe zweier Menschen vor allem auf das Erbarmen ankomme. Denn immer müsse der eine dem anderen vergeben, dass er nicht sein Gott sein könne.

Ob deswegen so viele Beziehungen scheitern, weil wir einander überfordern? Voneinander erwarten, was wir einzig und allein von Gott erwarten könne?

Menschen werden schuldig aneinander. Menschen scheitern. Menschen enttäuschen.

Es war schon immer so: Menschen trösten und verletzen. Menschen bauen auf und reißen ein. Menschen sind Menschen. Und nicht Gott. Deshalb können sie nicht letzte Sinnstifter und Haltgeber füreinander sein. Wer sich allein auf Menschen verlässt, ist eines Tages nicht nur menschenverlassen, sondern vielleicht sogar gottverlassen.

Denn Menschen haben ihre Zeit. Menschen kommen und

Menschen gehen. Werden »vom Weibe geboren« und werden irgendwann wieder zu Staub.

Das ist der brutale Kreislauf des Lebens. Jeder Abschied, den er uns zumutet, reißt Wunden, die nie mehr richtig verheilen. Unerbittlich reißt er den Acker des Lebens auf und gräbt ihn um. Und vernichtet, was bisher gegolten hat.

Natürlich haben Menschen sich längst darauf eingestellt. Haben versucht, sich auf ihn einzurichten. Vielleicht entspringt jede Religion auf dieser Welt zutiefst dem Wunsch, die Frage nach dem Tod zu beantworten.

Und jeder Mensch sucht bis heute seine eigenen Antworten. Der eine tritt Tag für Tag ans Grab des geliebten Menschen und erzählt ihm, was er auf der Seele hat. Ein anderer spricht ständig mit dem Bild im Wohnzimmer. Noch ein anderer starrt in den nächtlichen Himmel und stellt sich vor, dass der oder die Verstorbene irgendwo dort oben als Stern leuchtet und auf ihn herabschaut.

Aber tief drinnen ahnen wir, dass das doch wohl nur eine tröstliche Hilfskonstruktion ist.

Wer beten kann, braucht solche Vorstellungen in aller Regel nicht. Er kann ja mit Gott sprechen. Mit seinem Vater im Himmel. Der ihn versteht. Der ihn tröstet und stärkt. Der ihm helfen und aufhelfen kann.

Damit wir uns nicht missverstehen: Der Tod bleibt auch für Menschen, die an Gott glauben, eine grausame Wirklichkeit. Aber vielleicht ist jemand, der glaubt, ein bisschen besser vorbereitet auf den drohenden Verlust. Vielleicht hat er schon lange zuvor mit Blick auf das eigene Sterben oder auf das Sterben lieber Weggefährten mit den Worten aus Psalm 90 gebetet:

> *Lehre uns bedenken, dass wir sterben müssen, auf*
> *dass wir klug werden.*
> Psalm 90,12

Klug werden heißt dann eben auch zu lernen, einen Menschen nicht zu vergöttern. Ihn nicht zum Gott zu machen. Und dadurch loslassen zu lernen. Und dabei Stück für Stück frei zu werden von der lähmenden Traurigkeit und vorsichtig zu ahnen zu beginnen, dass Gott in den aufgebrochenen Acker neues Leben sät.

Einmal habe ich über einen verstorbenen Freund geschrieben:

> *Und dein Herz nimmt Flügel,*
> *und es schwingt sich hoch über Tränen und Tod.*
> *Berge werden Hügel,*
> *und du atmest auf, weil dich nichts mehr bedroht.*
> *Und du fliegst ins Leben,*
> *in ein Licht, das keine Schatten kennt.*
> *Niemand muss dich heben,*
> *fühlst dich federleicht, wie ein Traum, wie der Wind.*

Und du siehst ihn wirklich, und er sagt:
Komm her, du, ich freu mich auf dich.
Und du spürst, er mag dich. Und du weißt,
er hat schon gewartet auf dich.
Er berührt dich zärtlich.
Und du siehst das Mal in seiner Hand.
Und du weißt, was Glück ist.
Und ich geb dich frei, das ist ab heute dein Land.

Und egal, wer dich geehrt hat:
Ob man bald noch von dir spricht, ist nun ganz einerlei.
Und egal, wer dich gebeugt hat:
Von den Herren dieser Welt bist du endlich ganz frei.
Und egal, ob sie gefüllt war, deine Zeit, oder leer:
Was nun auf dich wartet, ist auf jeden Fall mehr.
Du bist endlich am Ziel, da, wo ich auch hin will.

Menschen können keinen letzten und tiefsten Halt geben. Nicht für immer. Nicht für Zeit und Ewigkeit. Darum will ich sie beizeiten loslassen. Freigeben. Sonst nehme ich ihnen im Grunde das Anrecht auf den Himmel. Und mir selbst die Chance des Neubeginns.

Menschen an mich ketten heißt, sie zu überfordern. Menschen loslassen heißt, sie Menschen sein zu lassen. Schwache, fehlbare Menschen sein zu lassen. Und zum Wesen der Menschen gehört, dass sie mich verlassen – und ich sie.

Gott aber verlässt mich nie.

So beschreibt das ein Psalmvers, der Mose zugeschrieben wird:

> *Mein Vater und meine Mutter verlassen mich,*
> *aber der Herr nimmt mich auf.*
> Psalm 27,10

Man empfindet noch die Tränen des Psalmdichters. Aber man ahnt schon die Hoffnung, dass eines Tages alle Tränen getrocknet werden.

Auf meinem Sekretär im Wohnzimmer steht eine Skulptur, die die biblische Szene nachempfindet, in der der Vater den zurückgekommenen verlorenen Sohn wieder in die Arme schließt. Diese Arme umschlingen den Sohn, sind Ausdruck größter Geborgenheit, aber sie sind immer noch ein wenig geöffnet, so, als wollte der Vater ausdrücken: Gut, dass du endlich wieder da bist! Ich habe dich so sehr vermisst! Du bist freiwillig gegangen und du bist freiwillig zurückgekommen. Ich habe dich gehen lassen und ich nehme dich nun wieder auf. Aber auch nun schließe ich dich nicht ein. Ich lasse dich frei. Du darfst bleiben. Du kannst aber auch wieder gehen. Ich will dein Zuhause sein. Aber du bleibst frei.

Solch eine Beziehung zu anderen Menschen gibt der Liebe Raum.

Wie viele Beziehungen sind schon daran gescheitert, dass der eine dem anderen die Luft zum Atmen genommen hat. Dass er erwartet und gefordert hat, was dieser nie und nimmer zu geben in der Lage gewesen ist. Weil er eben nur ein Mensch war und nicht Gott.

Der Vater in der biblischen Geschichte steht für Gott. Und für seinen Umgang mit den Menschen. Mit uns. Mit mir. Gott sperrt uns nicht ein. Er versklavt uns nicht. Er würdigt uns, indem er uns liebt und uns freigibt. Und nun will er uns zu Menschen machen, die andere Menschen lieben und freigeben.

Wir dürfen und sollen uns aneinander freuen. Wir dürfen und sollen unsere Freundschaften feiern, die Liebe, die uns und unser Leben unvergleichlich macht. Wir dürfen und sollen Nähe und Liebe mit allen Sinnen genießen. Aber dabei sollen wir nie vergessen, dass jede Liebe endlich ist. Weil sie eine irdische Liebe ist, gebunden an das Hier und das Jetzt. Die unendliche, himmlische Liebe nämlich gibt es nur bei ihm, bei Gott.

Erinnerungen halten nicht

Früher.

Ja, früher war alles besser. Wenigstens sicherer. Wenigstens vertrauter. Wenigstens übersichtlicher.

Früher.

Ja, früher, da wusste ich, was hält und an wen ich mich halten konnte.

Wenigstens im Rückblick.

Ob ich auch deswegen angefangen habe zu sammeln? Erinnerungen und Erinnerungsstücke haltbar mache? Vielleicht war's die kleine Mecki-Figur auf dem Fensterbrett meiner Schwiegereltern, die ich bis dahin immer übersehen hatte. Vielleicht war's die neue Facebook-Gruppe, die immer wieder alte Fotografien meiner sauerländischen Heimatstadt Lüdenscheid postete. Angegilbte Bilder, auf denen ich in Gedanken als Zehnjähriger durch die Straßen scharwenzeln konnte. Vielleicht war es Ray Davies, der mich auf einer neuen CD mit altvertrautem sanftem Singsang in die Träume meiner Teenagerjahre zurückbeförderte. »Thank you for the days …«

Jedenfalls war sie auf einmal da, die Sehnsucht nach damals, nach früher, nach der hellen, heilen Kinderwelt. Und ich habe angefangen zu sammeln. Erinnerungen. Autos, Fotos, Lieder, Meckis.

Sie war alles andere als heil gewesen, meine Welt. Aber irgendwie geordnet. Übersichtlich. Meine Welt und die Welt überhaupt.

Da war meine Oma, die mich Tag für Tag vor dem verhassten Kindergarten bewahrte – Schwester Elisabeth hatte einmal gedroht, mich in den Keller zu sperren und damit auf ewig meine Sympathie eingebüßt. Da war mein Opa, der mir, wenn gar nichts mehr ging, eine Mark in die Tasche schob. Da waren Mama und Papa, die dafür sorgten, dass ich ein Dach über dem Kopf hatte, genug anzuziehen und zu essen, die mich in den CVJM und in den Kindergottesdienst schickten und die jeden Freitag pünktlich das Badewasser im Kohleboiler für mich anheizten. Da war Siegfried Ulbrich, der mir in der »Knapperschule«, meiner Grundschule, Lesen und Schreiben und Rechnen und die ersten Flötentöne beibrachte. Der für Ordnung sorgte in der Klasse und eifrig Backpfeifen verteilte, wenn seine Schüler allzu aufmüpfig geworden waren, der aber irgendwie auch unser freundlicher Vormittagspapa war.

Da waren Herbert Dawin und seine unermüdlichen Mitarbeiter, die sich im CVJM Lüdenscheid-West immer neue Spiele, Lieder und Geschichten ausdachten und uns Jungs liebevoll zu Jesus lockten – und mich so mehr geformt und geprägt haben als alle anderen, die vorher oder nachher ein Stück Leben mit mir geteilt haben. Da waren Klaus und Klaus, meine beiden Klassenfreunde, die mir zu jedem Geburtstag ein neues Schneider-Buch überreicht haben. Da waren der schwarze Hengst Fury und der Waisenjunge Joey, da waren der superschlaue Collie Lassie und sein Freund Jeff, da waren Corky und der Circus, die sonntagmittags dafür sorgten, dass meine kleine Welt nicht ins Wanken geriet, weil am Ende immer alles gut ausging, weil das Gute noch gut war und belohnt wurde und das Böse böse war und bestraft gehörte.

Natürlich habe ich sie längst alle wieder auf Youtube entdeckt und gespeichert. Erinnerungssammler bin ich. Haltbarmacher. Ein einsamer Streiter gegen jedes Verfallsdatum.

Nein, es war nicht alles gut. Zu Hause nicht und in der Welt schon gar nicht. Vieles war miefig und muffig. Manches schlicht verklemmt und verlogen. Aber es war irgendwie – ja, gemütlich, um das deutscheste aller deutschen Wörter zu bemühen. Gemütlich, weil sortiert und geordnet. Die Guten ins Töpfchen, die Schlechten ins Kröpfchen.

Es gab Regeln, an die sich die meisten hielten, wenn sie nicht auffallen wollten. Es gab Grundüberzeugungen. Man kannte die Zehn Gebote und man glaubte an Gott. Wenigstens ein bisschen. Und wenigstens im Westen. Man gehörte zur Kirche, klar. Wenn man »da auch nicht jeden Sonntag hinrannte«, wie mancher entschuldigend erklärte. Aber wenigstens Weihnachten war man da. Und eine ordentliche kirchliche Bestattung war eine Selbstverständlichkeit. Auf dem kirchlichen Friedhof bitteschön. Auf dem kommunalen lagen ja doch eher die anderen, die »Heiden«.

Man wählte die Partei, die man schon immer gewählt hatte, weil sie die Interessen der eigenen »Klasse« vertrat. Man hatte die »HörZu« abonniert. Man las »Mecki«. Und man kaufte bei Herrn Brüning um die Ecke. Und wer sich's leisten konnte, fuhr einen eigenen Wagen. Einen VW Käfer, was sonst!

Das war alles so ganz anders als heute.

Oder?

Ein anonymer amerikanischer Autor hat das vor ein paar Jahren einmal so auf den Punkt gebracht:

Wir haben größere Häuser, aber kleinere Familien. Mehr Bequemlichkeiten, aber weniger Zeit. Mehr Experten, aber größere Probleme. Wir haben unseren Besitz vervielfacht, aber unsere Werte reduziert. Wir wissen, wie man seinen Lebensunterhalt verdient, aber nicht mehr, wie man lebt. Wir haben dem Leben Jahre hinzugefügt, aber nicht den Jahren Leben. Wir kommen zum Mond, aber nicht mehr an die Tür der Nachbarn. Wir haben den Weltraum erobert, aber nicht den Raum in uns. Wir können Atome spalten, aber nicht unsere Vorurteile. Es ist die Zeit, in der es wichtiger ist, etwas im Schaufenster

*zu haben statt im Laden. Wo moderne Technik
einen Text wie diesen in Windeseile in alle Welt
tragen kann. Und wo Sie die Wahl haben: das
Leben ändern – oder den Text löschen …*

Ich habe mein Leben geändert – und angefangen zu sammeln. Und kann seither nicht mehr aufhören damit. Mein erster Renault Dauphine steht als Wiking-Modell in meiner Glasvitrine, daneben mein geliebter roter Jaguar E aus der Siku-Produktion. Made in Lüdenscheid, jawohl! Und alle überragt der blauweiße Mark-Sauerland-Bus von Schuco, der mich im Original jahrelang zur Schule und ins Leben befördert hat. Das heißt: Oft musste er auch ohne mich fahren. Weil ich das Geld für die Monatskarte lieber zum Taschengeld steckte und zu Fuß ging.

Warum sammle ich eigentlich? Was suche ich? Das Paradies meiner Kindheit. Klar. Ein bisschen heile Welt. Auch. Übersichtlichkeit. Bestimmt. Das einfache Leben, das wir alle damals gelebt haben. Auch das. Vor allem aber suche ich wohl eines:

Halt.

In einer Welt, in der nichts mehr hält, in der die Haltbarkeitsdaten immer näher ans Kaufdatum rücken, in der du dir keine Stars mehr merken musst, weil sie morgen schon längst vergessen sind; in einer Welt, in der deine Notebooks und Handys schon beim Kauf veraltet sind, in der sich Politiker und Experten die Klinke in die Hand geben und das Weite suchen, wenn's brenzlig wird.

Du weißt einfach nicht mehr, was hält. Wer hält. Darum machst du dich auf die Suche. Und suchst – vielleicht – in der Vergangenheit. Und versuchst, sie haltbar zu machen.

Das ist vielleicht eine Frage des Alters?

Ich weiß nicht. Jedenfalls haben unsere Kinder vor ein paar Monaten stolz all die Gemälde eingesammelt, die sie als kleine Kerlchen für Oma und Opa gemalt haben. Die nämlich hatten, o Wunder, alle die bunten Krikel-Krakel-Werke ihrer Enkel in ihrem Nachlass aufbewahrt.

Und doch: Mein Renault Dauphine von damals fährt nicht mehr. Und – ehrlich gesagt – würde ich ihn heute auch nicht mehr fahren wollen. Er hatte seine Zeit. Und seinen Platz. Wie alles seine Zeit und seinen Platz hat. Alles und alle.

Erinnerungen sammeln ist schön. Von Erinnerungen leben allerdings ist gefährlich.

Weil Erinnerungen immer ein bisschen schummeln. Sie rücken gerade, was eigentlich gar nicht gerade war. Sie polieren, was verkratzt und verschrammt war. Und sie können lähmen. Ich schaue nicht mehr auf das, was ist oder was kommt; ich hänge an dem, was war. Ich schaue nach hinten und nicht nach vorn. Wer aber ständig nach hinten schaut, stößt schnell mit dem Kopf gegen einen Laternenpfahl. Sich freuen an dem, was war, ist okay. Aber in dem leben, was war, ist es ganz und gar nicht.

Jesus betont immer wieder, wie wichtig es ist, im Heute zu leben. Wer seine Hand an den Pflug legt und zurückschaut, wird krumme Furchen pflügen.

Lass das Gestern los. Die Erinnerungen. Die schönen und die schmerzhaften. Sei bereit für neue Erfahrungen! Lass die Menschen von gestern los. Freu dich, dass sie da waren, verzeih ihnen ihre Schwächen. Aber sei bereit für neue Begegnungen!

»Wenn ich auch gleich nichts fühle ...«

Die tatsächliche Temperatur ist das eine, die gefühlte das andere. Entsprechend vermerkt der Wetterbericht seit einiger Zeit zuweilen die »gefühlte Temperatur«. Was mich immer ein bisschen wundert. Denn woher will der Wettermann wissen, was ich fühle? Aber klar: Habe ich die Grippe, klappere ich selbst bei 25 Grad im Schatten mit den Zähnen. Stecke ich mitten in den Wechseljahren und werde von einer Hitzewelle überspült, reiße ich selbst bei 10 Grad alle Fenster auf.

Ein bisschen was mag schon dran sein an dieser wundersamen Temperaturangabe. Denn wenn's kalt und stürmisch ist, kommt's den meisten von uns tatsächlich kälter vor als das, was das Thermometer gerade so anzeigt.

Nun gibt es ganz sicher auch eine »gefühlte Glaubenstemperatur«. Und die ist so unterschiedlich, wie wir Menschen nun einmal sind. Der eine verdreht immer schon beim zweiten Worship-Song hingebungsvoll die Augen, der andere hingegen klebt auch dann noch auf seinem Stuhl, wenn die Post so richtig abgeht.

Aber auch der erste mag verstummen, wenn es nichts mehr zu fühlen gibt außer Leere.

Diese Zeile aus einem alten Lied hat schon häufig Menschen getröstet:

Wenn ich auch gleich nichts fühle von deiner Macht –
du bringst mich doch zum Ziele, auch durch die Nacht.

»So nimm denn meine Hände« heißt das Lied, dem ein Gedicht von Julie von Hausmann zugrunde liegt. Die deutsch-baltische Dichterin (1826–1901) ist mit diesem Lied weltberühmt geworden. Vielleicht auch gerade wegen dieser beiden Zeilen. Denn immer schon haben Überzeugungen und Erfahrungen miteinander gekämpft. Glaube und Zweifel. Gewissheit und Verzagtheit.

Siehe Elia. Siehe Paulus. Siehe Martin Luther. Siehe Paul Gerhardt. Siehe …

Julie von Hausmann kannte das aus ihrem eigenen Seelenleben wohl auch. Was schon die Überschrift des Gedichtbandes veranschaulicht, in dem »So nimm denn meine Hände« 1868 veröffentlicht worden ist: »Bilder aus dem Leben der Nacht im Lichte des Evangeliums«.

Dabei wollen wir so gerne fühlen! Spüren! Anfassen! Erleben! Wir heute vielleicht noch ein bisschen mehr als die Christenmenschen, die vor uns geglaubt und gezweifelt haben.

Aber fühl mal die warme Geborgenheit des Himmels, wenn du auf dem Stuhl deines Zahnarztes kauerst!

Gefühle sind ja auch gut. Gefühle sind ja auch wichtig. Gefühle gehören zu unserem Leben. Zu meinem ganz besonders. Sie gehören auch zum Leben mit Gott. Aber sie dürfen nicht die Basis unseres Denkens und Handelns sein, die Basis unserer lebenswichtigen Entscheidungen. Nicht einmal die Basis unserer Beziehungen.

Dietrich Bonhoeffer hat einmal in einer Traupredigt geschrieben: »Nicht eure Liebe trägt die Ehe, sondern von nun an trägt die Ehe eure Liebe.«

Was ja wohl noch sehr viel stärker für die »Ehe« gilt, die ein Mensch mit Gott eingeht. Der englische Autor C. S. Lewis entfaltet diesen Gedanken in seinem Buch »Pardon, ich bin Christ« so:

> Glaube, wie ich das Wort hier gebrauche, ist die
> Fähigkeit, allen Gefühlsschwankungen zum Trotz
> an Überzeugungen festzuhalten, die man einmal
> als richtig erkannt hat. Stimmungen wechseln,
> ganz gleich, was unser Verstand auch meint.
> Wem es nicht gelingt, seine Emotionen an ihren
> Platz zu verweisen, der kann kein richtiger Christ,
> ja nicht einmal ein richtiger Atheist sein; er
> bleibt ein hin und her gerissenes Geschöpf, dessen
> Glaube vom Wetter oder der Verdauung abhängig

*ist. Deshalb muss man sich in der Tugend des
Glaubens üben.* *

Nein, ich will nicht, dass mein Glaube vom Wetter abhängt.
Oder gar von meiner Verdauung. Mein Glaube soll sich auf
Tatsachen gründen. Auf feste Zusagen. Weil mein Glaube
gewissermaßen vertraglich gesichert ist.

Wir wohnen zur Miete. Immer schon. Weil wir immer
nette und großzügige Vermieter hatten. Unser Mietverhältnis
ist vertraglich geregelt und durch zwei Unterschriften beglau-
bigt. Links der Mieter, rechts der Vermieter. Dieser Vertrag
gilt. Ist juristisch belastbar. Und egal, ob ich meinen Vermieter gerade am liebsten umarmen möchte, weil ich ihn so sehr
mag; egal, ob er gerade empfindet, dass wir die nettesten Mieter auf der ganzen Welt sind – wir haben einen Vertrag. Und
den halten beide Seiten ein. Dieser Vertrag ist die Grundlage
unserer Beziehung.

Nun hat Gott mit seinen Menschen auch immer wieder sol-
che Verträge geschlossen. Wir kennen den »alten Bund« vom
Sinai, symbolisiert durch die Zehn Gebote. Und wir kennen
den »neuen Bund«, symbolisiert durch das Kreuz, an dem
Jesus gestorben ist. In diesen Bünden hat sich Gott festgelegt.
Er steht zu uns. Wenn wir zu ihm stehen. Unsere Beziehung

---

* C. S. Lewis: »Pardon, ich bin Christ«, Basel 1986. Abdruck mit freundlicher Genehmigung.

ist sozusagen vertraglich geregelt. Darum gilt sie auch dann, wenn der Himmel gerade nicht voller Geigen hängt.

Wobei Gott der freundlichste Vertragspartner ist, den man sich vorstellen kann. Denn er hält sich an den Vertrag auch dann noch, wenn wir ihn brechen. »Sind wir untreu, so bleibt er doch treu; denn er kann sich selbst nicht verleugnen«, schreibt Paulus an Timotheus (2. Timotheus 2,13).

Er hält uns. Er hält zu uns. Und er hält uns aus. Darauf will ich mich verlassen. Darauf kann ich mich verlassen. Gerade dann, »wenn ich auch gleich nichts fühle ...«

Und wiegt die Schuld auch noch so schwer

Und wiegt die Schuld auch noch so schwer.
Und wiegt der Glaube noch so leicht.
Du bist Vergebung, das Zuhaus, die offene Tür.
Wir kommen gerne heim zu dir.

Und sind die Fragen noch so groß.
Und ist der Kopf auch noch so klein.
Du bist der Durchblick, frische Luft, das weite Land.
Nimmst unser Denken in die Hand.

Und ist die Welt auch noch so stark.
Und deine Kirche noch so schwach.
Du bist die Liebe, bist die Hoffnung, bist das Ja.
Du bist in schwachen Menschen da.

Und ist die Nacht auch noch so schwarz.
Und ist der Tag auch noch so fern.
Du bist die Wärme, bist das Licht, das gute Wort.
Du machst es hell an jedem Ort.

Und ist der Berg auch noch so steil.
Und sind die Beine noch so schwer.
Du bist der Schwung, bist Proviant und bist das Ziel.
Dir wird's mit uns niemals zu viel.

Und ist die Straße noch so lang.

Und ist das Ende noch so weit.

Du bist Geduld, der lange Atem, Saft und Kraft.

Wer dir vertraut, hat's stets geschafft.

Der große kleine Elia

Wie gut, dass die großen Gestalten der Bibel zuweilen klein sind wie wir. Und manchmal sogar noch kleiner.

Elia war so ein Mensch. Ein Großer, der zeitweilig ganz klein war. Bis heute gilt er in Israel als der größte Prophet nach Mose. Und wird von den frommen Juden als Bote noch vor dem Messias zurückerwartet. Zum Beispiel beim traditionellen Seder-Abend, mit dem das Pessach-Fest eröffnet wird, jenes Fest, das Jahr für Jahr an den Auszug aus Ägypten erinnert. Auf dem geschmückten und gedeckten Tisch stehen mehrere Schüsseln mit symbolischen Nahrungsmitteln und auch mehrere Weinbecher. Einer ist für ihn. Wenn der getrunken wird, öffnet einer die Tür, damit Elia hereinkommen kann. Elia wird erwartet.

Irgendwie ist er immer da. Auf geheimnisvolle Weise da. Wohl auch, weil er nicht gestorben ist, sondern entrückt wurde.

Und weil er für Standhaftigkeit steht. Für Unbestechlichkeit. Für die Unerschütterlichkeit des Glaubens an den einen

Gott. Immerhin hat er es zur Zeit des israelitischen Königs Ahab mit einer schier erdrückenden Übermacht von Götzenpriestern und -propheten aufgenommen. Das Gottesurteil auf dem Karmel ist geradezu sprichwörtlich.

Elia war in einen aussichtslos scheinenden Wettstreit getreten, einen Wettstreit mit 450 vom König protegierten Propheten des Fruchtbarkeitsgottes Baal und 400 Propheten der Göttin Aschera. Und hatte gesiegt. Oder besser: Er hatte erlebt, wie der Gott seiner Väter gesiegt hatte. Der Gott Abrahams, Isaaks und Jakobs. Der Gott, der das Volk Israel aus der ägyptischen Gefangenschaft befreit hatte. Am Ende macht Elia mit den Verführern unbarmherzig kurzen Prozess und bringt sie alle um. Sie sollen niemanden mehr verführen können.

Die dramatische Geschichte ist nachzulesen im 1. Buch Könige, Kapitel 19.

Einer gegen alle. Elia hat das gewusst: »Ich bin allein übrig geblieben als Prophet des Herrn!« Aber er weiß auch: Ist Gott auf deiner Seite, bist du immer in der Überzahl!

Doch König Ahab gibt sich nicht geschlagen. Noch weniger seine Frau Isebel. Sie lässt Elia ausrichten: »Die Götter sollen mir dies und das tun, wenn ich nicht morgen um diese Zeit dir tue, was du diesen getan hast.«

Und der unerschütterliche, glaubensstarke, gottgewisse Elia läuft um sein Leben. Einen ganzen Tag lang. Der große Prophet hat nackte Angst und flieht. Flieht in die Wüste. Legt sich unter einen Wacholderstrauch und spricht ein letztes Gebet: »Es ist genug, so nimm nun, Herr, meine Seele; ich bin nicht besser als meine Väter.«

Irgendwann ist es einfach zu viel. Irgendwann wird auch der Stärkste schwach.

Am liebsten würde ich ihn wachrütteln. »Hey, Elia! Jetzt lass dich nicht hängen. Bis eben habe ich über dich gestaunt. Habe mit dir gezittert. Mit dir gejubelt. Mit dir triumphiert. Und ich habe Maß genommen an deinem Glauben, an deiner Kraft. So einen Glauben wollte ich auch haben! Du warst mein Held! Mach jetzt bitte nicht schlapp! Sonst macht auch mein Glaube schlapp. Vorbilder müssen durchhalten, sonst taugen sie nicht als Vorbilder!«

Aber ich locke ihn nicht zurück ins Leben. Dazu tauge ich nicht. Dazu taugt nur einer: Gott. Und der schickt einen Engel. Der rührt ihn an. Und ich bin mächtig gespannt: Was wird er sagen? Etwas Ähnliches wie ich? Hat er himmlische Durchhalteparolen im Gepäck?

Nein, etwas völlig anderes. Einen Brotfladen und einen Krug mit Wasser. Und ich höre, wie der Engel liebevoll und fürsorglich sagt: »Steh auf und iss!«

Und Elia isst. Und trinkt.

Und legt sich wieder schlafen.

Und der Engel kommt ein zweites Mal. Rührt ihn wieder an. Fordert ihn wieder auf zu essen. Und Elia gehorcht. Und wird auf einmal von einer schier unglaublichen Kraft erfüllt.

Die ist auch nötig, denn der Engel Gottes schickt ihn zum Berg Horeb, und der liegt unglaubliche vierzig Tages- und Nachtmärsche entfernt.

Er schickt ihn dorthin zurück, wo Gott seinen Bund mit dem abtrünnigen Volk Israel geschlossen hat. Und mit seinem müden Propheten Mose.

Und ich staune: Gott hat nicht nur ein gutes Wort, wenn ich am Ende bin. Er hat etwas zu essen und zu trinken. Er lässt mich schlafen. Er gibt mir Zeit. Gott überfordert mich nicht. Und wenn er eine neue Aufgabe für mich hat, dann gibt er mir erst die nötige Kraft dafür.

Und dann ist Elia endlich da, wo alles begann. Und hat all seine Angst und all seinen Frust und all seine Verletzungen mitgebracht: »Ich bin allein übrig geblieben, und sie trachten danach, dass sie mir mein Leben nehmen!« Wieder und wieder legt er Gott seinen Schmerz vor die Füße.

Und Gott verspricht ihm das größte Geschenk, das er anzubieten hat. Sich selbst. Seine Nähe! Seine Gegenwart! Und dann begegnet er Elia in einem zarten Windhauch. Unendlich sanft redet er mit seinem Propheten. Mit dem Flüstern eines leisen Wehens. Mit der »Stimme verschwebenden Schweigens« – wie das der jüdische Gelehrte Martin Buber einmal umschrieben hat.

Zuvor hat es geblitzt und gedonnert und gestürmt. Aber Gott war nicht im Erdbeben, nicht im Gewitter, nicht im Feuer, nicht im Sturm.

Gott redet oft anders, als ich es erwarte. Anders und anderswo. Gott redet leise. Und was er sagt, drückt unendliche Nachsicht und Fürsorge aus. Unendliche Liebe. Er hat ein Wort für mich. Und Lebens-Mittel. Und manchmal einen neuen Auftrag.

Ich muss nur warten. Wie Elia. Und schweigen. Und Herz und Ohren weitweitweit aufsperren, damit ich ihn nicht verpasse. Diese Zeiten sind unglaublich kraftzehrend. Aber so verweisen sie mich auf die himmlische Kraft, von der ich leben soll. Und stellen mich dann, wenn die Zeit gekommen ist, vor eine neue Lebensaufgabe, die ich mir möglicherweise niemals selbst ausgesucht hätte.

Früher, so habe ich mir erzählen lassen, hat man nach der Eröffnung einer neuen Eisenbahnbrücke zunächst einmal einen Güterzug auf die Reise geschickt. Und der Konstrukteur, der musste sich direkt unter sein Bauwerk stellen. Erst wenn diese Testfahrt gezeigt hatte, dass die Brücke hält, hat man den ersten Personenzug darüber fahren lassen.

Für mich ist das zu einem Symbol der Gnade und Barmherzigkeit Gottes geworden. Über diese Brücke ist schon der ganze Zug des Volkes Israel gepoltert. Mit allen Priestern, Propheten und Pharisäern. Und auch der ganze Zug der Kirchengeschichte. Mit allen Irrungen und Verwirrungen. Ungezählte Frauen und Männer sind über diese Brücke gegangen. Elia eingeschlossen. Und diese Brücke wird auch uns halten. Aushalten. Uns. Mich.

Du machst dich arm, du machst uns reich

Du machst dich arm, du machst uns reich.
Lässt dich herab und wirst uns gleich.
Du tauschst die Herrlichkeit bei Gott gegen Spott.
Und wir sehn das Geheimnis geschehn.

Du machst dich klein, du machst uns groß.
Du lässt die Macht des Himmels los.
Der Schöpfer wird ein Teil der Welt,
und so fällt Gottes Licht warm auf unser Gesicht.

Du legst dich fest, du machst uns frei.
Du bindest alle Teufelei.
Du überwindest, was uns droht, auch den Tod.
Damit wir ewig leben mit dir.

Du setzt dich aus, du setzt uns ein.
Wir dürfen Gottes Kinder sein.
Wir nehmen Wohnung, wo du wohnst, wo du thronst.
Deine Welt ist nun alles, was zählt.

Martin Luther und Paul Gerhardt: Lieder unter Tränen

Manchmal kommt es knüppeldick. Das Wissen von gestern hilft nicht mehr. Die Erfahrungen der vergangenen Jahre bieten keinen Halt mehr.

Die Bibel ist voll von solchen Menschen und ihren Geschichten. Und die Geschichtsbücher sind es auch.

Martin Luther ist einer von ihnen. Der große Reformator war zeitlebens ein Angefochtener. Bedrängt und bedroht von äußeren Widersachern und von inneren. Die äußeren hätten da eigentlich schon genügt: Aus der Kirche haben sie ihn ausgeschlossen und aus der Gesellschaft. Per Papstbulle und per Reichsacht. Vogelfrei haben sie ihn gemacht. Das hieß: Jeder durfte ihm ans Leder, ohne Angst haben zu müssen, bestraft zu werden. Als Todeskandidat wurde er auf der Wartburg in Schutzhaft genommen. Dort übersetzte er innerhalb von zwölf Wochen das Neue Testament ins Deutsche.

Doch an diesem Ort hatte er es auch mit den anderen

Widersachern zu tun. Mit Zweifeln. Ängsten. Und Krankheiten.

So blieb das Zeit seines Lebens.

Am 6. Juli 1527 etwa, im Alter von 43 Jahren, wurde er plötzlich von einem Brausen und Sausen seines linken Ohres befallen. Es schloss sich ein heftiges Schwindelgefühl mit Übelkeit und Erbrechen an. Weil er dachte, das letzte Stündchen sei gekommen, verabschiedete er sich von seiner Familie. Innerhalb von zwanzig Minuten allerdings verschwanden die Beschwerden wieder vollständig. Um später anfallartig immer wiederzukehren. »Heute wissen wir, dass Luther an einer Menièr'schen Erkrankung des Innenohrs litt, einer osmotischen Regulationsstörung der Innenohrlymphen«[*], erklärt Professor Hans Scherer von der Berliner Charité. Außerdem kämpfte Luther fast sein ganzes Leben lang mit Verstopfung. Wofür er vor allem den Teufel verantwortlich machte. Der wohnte nach Luthers Theorie manchmal in seinem Bauch, und die krampfhaft quälenden Bewegungen seines Darms waren nichts anderes als der verzweifelte Versuch, den Teufel und alles Schlechte aus seinem Körper auszustoßen.

Und er litt immer wieder unter heftigen Depressionen. Einmal waren sie so stark, dass seine kluge Frau Katharina zu einer List greifen musste. Sie zog sich Trauerkleider an und betrat so Martins Studierstube. »Ist jemand gestorben?«,

---

[*] Quelle: www.charite.de/hno-cbf/studium/luther.htm (Stand 10.1.2013)

wollte der ängstlich wissen. Worauf Katharina mit dunkler Mine sagte: »Ja, der Herr Christus ist wohl gestorben. Anders kann ich mir eure Traurigkeit nicht erklären.« Worauf beide befreit lachen mussten.

Besonders getroffen hat ihn auch der Tod seiner beiden Kinder Elisabeth und Magdalena. Nach dem Tod der acht Monate alten Elisabeth im Sommer 1528 schreibt er an seinen Freund Nikolaus Hausmann:

Mein Töchterchen Elisabeth ist mir gestorben; es ist seltsam, ein wie bekümmertes, fast weibisches Herz sie mir zurückgelassen hat, so hat mich der Jammer um sie überkommen. Nie zuvor hätte ich geglaubt, dass ein väterliches Herz wegen der Kinder so weich werden könnte.[*]

Im Musical »Bruder Martinus«, das ich zusammen mit Siegfried Fietz geschrieben habe, klingt sein Trauerlied so:

Gehofft und gebetet[**]

Gehofft und gebetet, gezittert, gebangt
Geboren, und wir haben selig gedankt
Die Angst war vorüber, der Zweifel, der Schmerz

---

[*] Luther-Deutsch. Die Werke Martin Luthers in neuer Auswahl für die Gegenwart. Bd. 10: Die Briefe, 2. Aufl. Göttingen 1983, S. 189.
[**] Text Jürgen Werth, aus der CD »Bruder Martinus«, © Abakus Musik Barbara Fietz, 35753 Greifenstein

Ich drück dich noch immer im Traum an mein Herz
Denn kaum warst du hier, musstest du wieder fort
Die Welt ist seitdem ein verlorener Ort
Geschenkt und genommen, gewonnen, verlorn
Warum, Kind, bist du überhaupt uns geborn?

Gehofft und gebetet
Und nun wieder allein
Ohne dich wird's nie wieder
So wie mit dir hier sein

Mein Kind, meine Seele, mein kostbarer Schatz
Mein Herz ist gestorben, denn leer ist dein Platz
Und leer wird er bleiben, für immer verwaist
Warum bist so früh du gen Himmel gereist?
Nie hätt ich gedacht, dass ich so fühlen kann
Ich bin doch kein Weib, nein, ich bin doch ein Mann
Doch ist aus dem Mann erst ein Vater geborn
Dann hat er sein Herz an die Kinder verlorn

Gehofft und gebetet
Und nun wieder allein
Ohne dich wird's nie wieder
So wie mit dir hier sein

Und Gott, unser Vater, so beten wir's doch
Wenn du uns nicht hörst, was erwarten wir noch?
Du gibst und du nimmst, du baust auf und reißt ein
Erklär mir den Sinn oder lass mich allein
Du sagst nicht, warum, doch du zeigst mir dein Herz
Ich seh deinen Sohn und ich spür deinen Schmerz
In deinem verwundeten Herzen ist Trost
Zieh mich alten Vater zu dir auf den Schoß

Gehofft und gebetet
Und nun wieder allein
Ohne dich wird's nie wieder
So wie mit dir hier sein

Das war's wohl, was Luther in allen Ausweglosigkeiten des Lebens, Denkens und Glaubens immer wieder eine Tür geöffnet hat: Der gekreuzigte und auferstandene Christus hört und versteht, und er hält und hilft. Aber Luther brauchte auch die Hilfe guter Freunde. Nach dem Tod Magdalenas schreibt er an Justus Jonas:

> *Obwohl ich und meine Frau nur fröhlich Dank*
> *sagen sollten für einen so glücklichen Hingang*
> *und seliges Ende, durch das sie der Gewalt des*
> *Fleisches, der Welt, des Türken und des Teufels*
> *entgangen ist, so ist doch die Macht der elter-*

lichen Liebe so groß, dass wir es ohne Schluchzen und Seufzen des Herzens, ja ohne große Abtötung nicht vermögen. Es haften nämlich tief im Herzen das Aussehen, die Worte und Gebärden der lebenden und der sterbenden überaus gehorsamen und ehrerbietigen Tochter, so dass selbst Christi Tod (und was ist das Sterben aller Menschen im Vergleich damit?) dies nicht ganz hinwegnehmen kann, wie es sein sollte. Sage du daher Gott an unserer Stelle Dank.*

Beinahe noch dunkler scheint die Lebensgeschichte von Paul Gerhardt (1607–1676), dem lutherischen Pfarrer, der neben Luther als bedeutendster Liederdichter der Protestanten gilt.

Als er elf war, begann ein brutaler Krieg, der Europa dreißig Jahre lang nicht mehr aus seinen Klauen lassen würde. Dreißig Jahre Krieg, Hunger, Angst. Dreißig Jahre Plünderungen und Brandschatzungen. Dreißig Jahre lang Seuchen und tausendfaches Sterben. Kaum einer konnte sich noch an die guten alten Friedenszeiten erinnern.

Paul Gerhardt durchlebte und durchlitt diese Zeit allein. Als er 12 war, starb sein Vater. Als er 14 war, seine Mutter. Er war 41, als endlich 1648 in Münster der Westfälische Friede geschlossen wurde.

---

* Luther-Deutsch. Die Werke Martin Luthers in neuer Auswahl für die Gegenwart. Bd. 10: Die Briefe, 2. Aufl. Göttingen 1983, S. 317.

In einem seiner Lieder schreibt er:

Was ist mein ganzes Wesen
von meiner Jugend an
als Müh und Not gewesen?
Solang ich denken kann,
hab ich so manchen Morgen,
so manche liebe Nacht
mit Kummer und mit Sorgen
des Herzens zugebracht …

139 deutsche und 15 lateinische Texte und Gedichte haben die Jahrhunderte überdauert. 26 davon sind im Evangelischen Gesangbuch abgedruckt, weitere vier in Regionalteilen des Gesangbuchs. Geprägt sind die Lieder von diesen frühen bitteren Erfahrungen.

Aber auch nach dem Ende des Dreißigjährigen Krieges wurde das Leben für ihn nicht leichter. Er heiratete erst 1655 und bekam mit seiner Frau Anna Maria fünf Kinder. Das erste, Elisabeth, starb nach nur einem halben Jahr. Von den anderen vier starben drei schon im Kindesalter. 1668 schließlich musste er auch seine Frau beerdigen.

Auch Paul Gerhardt kannte die äußeren Widersacher, die schon seinem großen Vorbild Martin Luther zu schaffen gemacht hatten. Auch wenn sie in anderer Gestalt daherkamen. Weil er sich geweigert hatte, gegen sein theologisches Gewissen zu handeln, wurde er 1666 aus dem Pfarrdienst entlassen. Nach einigem Hin und Her – die Freunde und Anhänger Gerhardts hatten beim Kurfürsten heftig protestiert – sollte er wieder in sein Amt eingesetzt werden. Doch Gerhardt witterte einen faulen theologischen Kompromiss und verzichtete. So war er ab 1667 ohne festes Einkommen. Erst zwei Jahre später erhielt er eine neue Anstellung in Lübben im Spreewald. Hier lebte er einfach und bescheiden bis zu seinem Tod im Jahr 1676.

Und trotzdem – oder deshalb? – beschreiben Paul Gerhardts Lieder auf geradezu unnachahmliche Weise den Halt, den er im Glauben an den gekreuzigten und auferstandenen Christus gefunden hatte. Etwa im Choral »Die güldne Sonne«:

> *Alles vergehet. Gott aber stehet*
> *Ohn alles Wanken; seine Gedanken,*
> *Sein Wort und Wille hat ewigen Grund.*
> *Sein Heil und Gnaden, die nehmen nicht Schaden,*
> *Heilen im Herzen die tödlichen Schmerzen,*
> *Halten uns zeitlich und ewig gesund.*

> *Kreuz und Elende, das nimmt ein Ende;*
> *Nach Meeresbrausen und Windessausen*
> *Leuchtet der Sonne erwünschtes Gesicht.*
> *Freude die Fülle und selige Stille*
> *Darf ich erwarten im himmlischen Garten;*
> *Dahin sind meine Gedanken gericht't.*

»Gott aber stehet ohn alles Wanken.« Oder wie es Luther in seinem Kirchenlied formuliert hat: »Ein feste Burg ist unser Gott«. Immer wieder haben Menschen in schweren Zeiten durch bitterste Erfahrungen hindurch zu der Hoffnung zurückgefunden, die ihr Leben trägt. Wir können uns die Texte von Menschen, die haltlose Zeiten durchschritten und durchlitten haben, zu eigen machen. Die alten Lieder und Choräle singen, die Psalmen beten – und wissen: Schon vor mir sind Menschen durch tiefe Täler gegangen und haben erfahren, dass es in aller Dunkelheit einen gibt, der mich auffängt, der mich hält. Und wir können uns auf die Hoffnung stützen, die sie oft in wunderbaren Bildern formuliert haben:

> *Nähme ich Flügel der Morgenröte und bliebe am*
> *äußersten Meer, so würde auch dort deine Hand*
> *mich führen und deine Rechte mich halten.*
> Psalm 139,9

> *Das Leben behielt den Sieg,*
> *es hat den Tod verschlungen.**

Die »güldene Sonne«, Christus, leuchtet auch über meinem Leben.

---

* Martin Luther, aus »Christ lag in Todesbanden«

Mutig glauben

Verfolgt werden – diese Erfahrungen machen Christenmenschen bis heute.

Vor allem in den Ländern, in denen sie zu Menschen zweiter und dritter Klasse degradiert werden. Fast täglich sind sie dort staatlich sanktionierter Gewalt oder religiösem Fanatismus ausgesetzt.

Tatsächlich sind die Christen heute die am stärksten verfolgte Religionsgemeinschaft auf der Welt. Die Organisation »Open Doors«, die sich besonders für diese verfolgten Christen einsetzt, geht davon aus, dass rund 100 Millionen Christen weltweit allein aufgrund ihres Glaubens verfolgt oder gesellschaftlich diskriminiert werden.

Am stärksten zu leiden haben die Christen in Nordkorea. Nicht viel besser ist es in Saudi-Arabien, Afghanistan, dem Irak und Somalia. Das zeigt der »Verfolgungsindex 2013«.

Zugespitzt hat sich auch die Lage in Ägypten. Der von westlichen Medien anfänglich bejubelte »Arabische Frühling« hat sich für die Christen, die zum größten Teil zur Koptisch-

Orthodoxen Kirche gehören, längst zu einem bitterkalten Winter entwickelt.

Der deutsche Repräsentant der Kopten, Bischof Anba Damian, geht davon aus, dass rund zwanzig Prozent der Ägypter Christen sind. In den »Wartburg-Gesprächen« des ERF-Fernsehens sagte er: »Die Realität ist bitter. Das Land, das wir heute erleben, ist nicht mehr mein Heimatland. Dabei ist die Revolution eigentlich von den Christen ausgegangen. Am Anfang haben Christen und Muslime zusammen demonstriert und haben zueinander gestanden. Die Christen haben die Muslime auf dem Tahirplatz geschützt, während sie ihr Freitagsgebet verrichtet haben. Die Muslime haben dann die Christen bei ihrer Sonntagsmesse geschützt. Doch heute haben die Christen einfach nur noch Angst.«

Besonders brutal und bitter sind Entführungen junger koptischer Mädchen durch militante Islamisten. Meist werden sie innerhalb weniger Stunden zwangsverheiratet und zwangsislamisiert. Die Eltern hören oft nie wieder etwas von ihren Töchtern.

Die Kopten haben in ihrer jahrhundertelangen Geschichte selten ruhige Phasen erlebt. Sie hatten nie das Sagen in ihrem Staat. Doch so schlimm wie zurzeit war es wohl noch nie.

In vielen koptischen Kirchen hängt eine Ikone des Heiligen Menas. Er war einer ihrer ersten Märtyrer.

Der Überlieferung nach war Menas ein ägyptischer Soldat, der im 3. Jahrhundert in der Multikulti-Armee des römischen

Gottkaisers Diokletian dienen musste. Dem sollte er sich bedingungslos ergeben. Dem sollte er einen Eid schwören. Den sollte er anbeten. Wie alle anderen Soldaten auch. Doch Menas weigerte sich: »Mein Gott allein ist Christus!«, soll er gesagt haben.

Man hat Menas gefoltert, doch er blieb bei seinem Bekenntnis. Am Ende wurde er in den Zirkus geschleppt und dort enthauptet.

Ob er gezweifelt hat in dieser Zeit? Ob er den Halt verloren hat? Wo war denn sein Gott? Die Ikone gibt Antwort: neben ihm. Christus steht neben Menas. Hat die Hand auf seine Schulter gelegt. Christus hat auf dem Bild einen unnatürlich langen Arm, was wohl zeigen soll: Er ist fern und nah zugleich. Herr und Freund zugleich. König und Bruder zugleich. Eindrucksvoll sind die Augen der beiden dargestellten Figuren. Weit aufgerissen starren sie in dieselbe Richtung.

Koptische Ikone: Christus und Menas (links), um 550, im Louvre in Paris

So weiß jeder, der heute diese Ikone sieht: Christus ist da. Neben uns. Er sieht dieselben Bedrohungen wie wir. Sieht denselben Schrecken. Den Hass. Den Tod. Und er geht mit. Und überwindet den Hass und den Tod durch seine Liebe und sein unauslöschliches Leben.

Auch seine Nachfolger heute versuchen, diese Liebe zu leben. Bischof Damian erzählte in unserer Fernsehsendung von einem Scheich, der den Christen besonders hart zugesetzt hatte.

Als dieser wegen einer Nierenbehandlung in ein Krankenhaus nach London verlegt worden war, schickte der koptische Papst Shenuda III. seine örtlichen Priester an sein Krankenbett. Mit Schokolade. Mit Blumen. Mit einem freundlichen Wort.

Bischof Damian: »Plötzlich war dieser Scheich ein anderer Mensch. Als er wieder in Kairo war, hat er unseren Papst besucht und ihm gesagt: ›Eure Liebe hat mich sprachlos gemacht.‹ Ich bin überzeugt: Die Liebe Christi ist wie das Wasser des Ozeans, und sie hat viel mehr Kraft als viele kleine Flammen des Hasses.«

Und wir im »christlichen Abendland«? Es geht uns gut. Ohne Zweifel. Der christliche Glaube ist ein unaufgebbarer Teil unseres Gesellschaftssystems. Seit Jahrhunderten.

Unaufgebbar? Ich weiß nicht. In der europäischen Verfassung fehlt der Gottesbezug. Und Politiker weisen zuweilen darauf hin, dass er wohl auch nicht in unserem Grundgesetz verankert wäre, wenn es heute beschlossen würde. So aber haben wir's immer noch Schwarz auf Weiß:

»Im Bewusstsein seiner Verantwortung vor Gott und den Menschen, von dem Willen beseelt, als gleichberechtigtes Glied in einem vereinten Europa dem Frieden der Welt zu dienen, hat sich das deutsche Volk kraft seiner verfassungsgebenden Gewalt dieses Grundgesetz gegeben.«

Neulich sagte ein Freund: »Christliche Lebenshaltungen sind begründungspflichtig geworden. Da ist nichts mehr selbstverständlich.«

Was manch einer Tag für Tag in der Schule, in der Uni, im Betrieb erlebt. Ein bisschen religiös sein ist okay. Aber an den Gott der Bibel glauben, Jesus als »den Weg, die Wahrheit und das Leben« bekennen, gilt längst als intolerant, vielleicht sogar als gefährlich.

Immer häufiger kommentieren Journalisten, dass die eigentliche Gefahr für den Weltfrieden von den Religionen ausginge. Tenor: Ohne Religion wären wir besser dran.

Ich antworte zuweilen sarkastisch: »Was ja die atheistischen Regime der vergangenen Jahrzehnte eindrucksvoll demonstriert haben! Vom Nationalsozialismus bis zum Kommunismus …«

Vielleicht wird die Lage für uns Christen auch in Europa zunehmend ungemütlich. Dann wollen wir bei den verfolgten Christen in die Schule gehen und das ergreifen, was ihnen Halt gegeben hat und gibt:

Christus geht mit uns den Weg auf dieser Erde. Er ist in jedem Schmerz permanent an unserer Seite. Gießt seine Liebe in unsere manchmal vergifteten Gedanken und Gefühle. Und *er* geht mit uns in den Himmel. In das Reich der ewigen Liebe, in dem es keine Verfolgung mehr geben wird. Keine Ausgrenzung. Keine Entführungen. Keine Schmerzen. Keinen Tod.

Martin Luther hätte die bedrängten Christen vielleicht mit zwei Strophen aus seinem Choral »Ein feste Burg ist unser Gott« getröstet:

> *Und wenn die Welt voll Teufel wär*
> *und wollt uns gar verschlingen,*
> *so fürchten wir uns nicht so sehr,*
> *es soll uns doch gelingen.*
> *Der Fürst dieser Welt,*
> *wie sau'r er sich stellt,*
> *tut er uns doch nicht;*
> *das macht, er ist gericht':*
> *ein Wörtlein kann ihn fällen.*

> *Das Wort sie sollen lassen stahn*
> *und kein' Dank dazu haben;*
> *er ist bei uns wohl auf dem Plan*
> *mit seinem Geist und Gaben.*
> *Nehmen sie den Leib,*

Gut, Ehr, Kind und Weib:
lass fahren dahin,
sie haben's kein' Gewinn,
das Reich muss uns doch bleiben.

Das Reich. Der Himmel. Der Himmel auf Erden – weil der Himmelsfürst Christus schon jetzt unsichtbar da ist. Der Himmel vor allem aber im Himmel selbst. Wo er ewig da ist. Sichtbar. Fühlbar. Mit allen Sinnen fassbar.

Diese Aussicht auf den Himmel gibt auch den verfolgten Christen in Nordkorea Kraft. Allein der Besitz einer Bibel ist hier unter Todesstrafe verboten. Wie Menas verweigern sie den weltlichen Herren die Macht über ihre Seelen. Eigentlich müssen sie sich vor den überlebensgroßen Statuen des verstorbenen Diktators Kim Il Sung verneigen, die überall aufgestellt sind. Wenn sie sich weigern, drohen ihnen Gefängnis, Arbeitslager oder gar der Tod. Doch die Christen verneigen sich nicht vor diesen steinernen Götzen. Aus Liebe zu Jesus. Und weil ihre Hoffnung auf den Himmel die Schrecken dieser Erde weit überstrahlt.

Und sie erleben in aller Bedrängnis, dass die Gemeinde auf geheimnisvolle Weise wächst. Wie fast überall dort, wo sie verfolgt wird. Der alte Satz des antiken Schriftstellers Tertullian (150 bis ca. 220 n. Chr.) hat nichts von seiner Gültigkeit verloren: »Das Blut der Märtyrer ist der Same der Kirche.«

Auch wenn wir Probleme bekommen, weil wir Christus nachfolgen, wollen wir weiter tapfer glauben, mutig bekennen und zuversichtlich leben. Weil er uns hält und tröstet. Weil er die Hand auf unsere Schulter legt. Weil er uns die richtigen Worte zur richtigen Zeit geben wird. Weil er uns zu Überwindern macht in einer Welt, in der es auch ungemütlich werden kann, wenn wir an diesem Hoffnungsanker und Haltgeber festhalten.

Er ist die Hand auf meiner Schulter

Er ist die Hand auf meiner Schulter
er ist mein Lied in grauer Nacht
ich weiß genau, er gibt auf mich acht

Er ist die Stimme aus dem Schweigen
er ist der Mut, der mir oft fehlt
die Stimme, die von Liebe erzählt

Du bist das Brot, von dem ich lebe
du bist die Straße an das Ziel
du machst mich satt, wenn ich es nur will

Du bist das Du, dem ich gehöre
du machst mich frei für andre Du's
du machst aus jedem Minus ein Plus

Unterwegs Richtung Himmel

Den Himmel können wir uns nicht vorstellen. Und, Hand aufs Herz, wir wollen es meist auch nicht. Zu sehr haben wir uns in den Mutterboden dieser Welt eingewurzelt. Und zu fremd ist uns dieses unbekannte Land.

Dabei ist es so real wie der Schreibtisch, an dem ich dieses Buch schreibe. Und wie die Welt, auf die ich aus meinem Fenster schaue. Aber eben nicht mit meinen fünf Sinnen zu erfassen.

Es ist darum kaum vorstellbar, dass es dahinter und darüber und darüber hinaus eine ganz und gar andere Welt geben soll! Da geht's uns wie den Zwillingen im Bauch der Mutter, von denen der Heidelberger Neutestamentler Klaus Berger einmal unnachahmlich eindrucksvoll erzählt hat:

Woche für Woche lebten sie dort in ihrer Bauchwelt, wurden allmählich größer, vernünftiger und kritischer und begannen, die Welt, in der sie lebten, zu erforschen. Dabei entdeckten sie eines Tages die Schnur, die sie mit ihrer Mutter verband und durch die sie ihre tägliche Nahrung erhielten. Geradezu begeistert waren sie von dieser Entdeckung: »Die Liebe unserer Mutter muss unendlich groß sein! Sie teilt ihr Leben mit uns!«

So verging Woche für Woche. Aber etwas begann sich zu verändern und sie spürten und ahnten, dass sie die wohlbehütete Bauchwelt der Mutter eines Tages würden verlassen müssen.

»Aber ich will hier nicht weg!«, protestierte der eine. »Hier kenn ich mich aus. Hier ist alles gut. Hier bin ich versorgt. Ich will nicht geboren werden!«

»Wir haben aber keine Wahl!«, sagte der andere. Um seinen Mitzwilling aber gleich zu trösten: »Wer weiß, vielleicht gibt es ja ein Leben nach der Geburt!«

Das wiederum konnte sich der erste Zwilling aber so gar nicht vorstellen. Ihre Lebensschnur würden sie verlieren. Und damit die Grundlage ihrer Existenz. Wie sollten sie ohne Nabelschnur leben können? Und was hieße schon, es gebe vielleicht ein Leben nach der Geburt? Schließlich hatten schon andere vor ihnen den Bauch der Mutter verlassen und keiner ist bisher zurückgekommen.

»Mit der Geburt ist alles aus!«, klagte er. »Aber damit hat das ganze Leben ja eigentlich keinen Sinn! Was soll das alles? Wer weiß, ob es überhaupt eine Mutter gibt!«

Der andere protestierte: »Aber natürlich gibt es sie! Wir leben in ihr! Wir leben von ihr! Ohne sie gäbe es uns überhaupt nicht!«

»Aber hast du sie je gesehen?«, zweifelte der erste. »Am Ende haben wir sie uns nur ausgedacht. Sie existiert nur in unserer Vorstellung. Sie ist eine Projektion unserer tiefsten Ängste und Sehnsüchte!«

So waren die letzten Tage vor der Geburt vor allem von Sorgen und Fragen erfüllt.

Doch endlich kam die Stunde der Geburt.

In der neuen, unbekannten Welt öffneten die Zwillinge vorsichtig und ängstlich ihre Augen und schrien.

Was sie sahen, übertraf ihre kühnsten Erwartungen.

Eine herrliche Geschichte, oder? Die Zwillinge – das sind wir. Wir leben im Bauch der Welt. Sind gefangen in Raum und Zeit. In drei Dimensionen. Gefangen im Gestern, Heute und Morgen. Wir ahnen vielleicht, dass wir von Gottes Kraft leben. Dass er sein Leben mit uns teilt und dass wir nur deswegen atmen können. Aber wir können uns die Welt »da draußen«, Gottes andere Welt, nicht vorstellen.

Wir können nur vertrauen. Ihm alles zutrauen. Weil er der Schöpfer ist. Die Mutter und der Vater. Wir können uns ihm nur anvertrauen. Dem Gott, der in Jesus unser lieber Vater ist. Und uns in aller Schwäche auf seine Stärke verlassen. Und uns schon jetzt still freuen. Denn eines Tages wird's uns – den Glaubenden – und denen, die nicht glauben wollen oder nicht glauben können, so gehen wie diesen Zwillingen. Da werden wir sehen. Und verstehen. Und nichts mehr fragen.

Da schreien dann die einen vor Begeisterung, die anderen vor Erschütterung. Es gibt die Mutter! Es gibt ein neues Leben! Es gibt Gott! Und er ist unser lieber Vater, der es immer und in allen Lebenslagen gut gemeint hat mit uns. Der uns mit seiner Stärke getragen hat. Und alles ergibt auf einmal einen Sinn. Auch das Schwerste, das uns aufgeladen worden ist. Und wir werden begeistert sein.

Eine ganze Ewigkeit lang.

Dem Dirigenten in die Augen sehen

Er war ein guter Freund gewesen. Und ein Augenöffner. Auch wenn seine eigenen Augen schwächer waren, als er es anderen gegenüber zugeben mochte. Aber er hatte das, was Paulus im Epheserbrief »erleuchtete Augen des Herzens« genannt hat. Und die sind allemal wichtiger als die blauen, grünen oder braunen Augen in unserem Kopf.

Immer wieder hat er anderen davon erzählt, was seinem Leben Halt gibt.

Dann musste er diese Welt verlassen. Viel zu früh und unerwartet schnell. Doch in aller Trauer wussten wir: Schwache Augen und erleuchtete Augen des Herzens – das galt für die Erde. Nun gilt es nicht mehr. Nun sieht er mehr und besser als wir alle. Der himmlische Augenöffner zeigt ihm nun Zusammenhänge, von denen wir zu Lebzeiten keinen blassen Schimmer haben. Er zeigt ihm die Welt aus einem ganz neuen Blickwinkel. Er zeigt ihm den Himmel. Vor allem aber zeigt er ihm sein Herz.

Was muss das für eine unbeschreibliche Erfahrung sein, Gott

selbst ins Herz schauen zu können! Zu sehen, dass das Herz Gottes Jesus ist. Und damit unendliche und unerschöpfliche Liebe und Barmherzigkeit. Martin Luther hat einmal gesagt: »Gott ist ein Backofen voller Liebe.« Hier auf der Erde können wir's ahnen. Dort können wir's sehen.

Er war oft an die Grenze gegangen. Weil er an den Grenzen des Lebens gelitten hat. Da war er mir so ähnlich! Dahinter steckt wohl Sehnsucht. Sehnsucht nach dem Himmel. Nach der ewigen Grenzenlosigkeit unter einem ewigen Ja. Sehnsucht nach dem ewigen Angenommensein.

Diese Sehnsucht lebt in uns allen. Wir wissen es oder ahnen es zumindest: »Die Welt ist nicht genug«, um es mit dem Titel eines James-Bond-Films zu sagen.

Unser letzter gemeinsamer Ausflug war nach Weilburg gegangen, zu den Schlossfestspielen. Das Konzert fand in der alten Barockkirche statt, die an diesem Abend zum Konzertsaal wurde. Eine quadratische Kirche, mit dem Podium fürs Orchester an der Stirnwand, direkt vor dem Altar. Das Publikum saß vor oder neben dem Orchester. Je nach Preisklasse.

Wir saßen beinahe hinter dem Orchester. Konnten den Musikern in die Noten schauen. Und – was besonders eindrucksvoll war – dem Dirigenten ins Gesicht. Normalerweise sieht man den Dirigenten ja nur von hinten. Sieht seinen Rücken, den Hinterkopf und die Arme, mit denen er seine Musiker dirigiert. Man sieht nicht, ob er lächelt oder weint.

Ob er entspannt ist oder angestrengt wirkt. Man hört nur die Musik, die er dirigiert.

Diesmal aber konnten wir ihn von vorn sehen. Ein ganzes schönes Konzert lang von vorn.

So ähnlich, denke ich heute, ist das vielleicht mit Gott in dieser Welt. Wir sehen ihn in der Regel nur von hinten. Können meist nur ahnen, was er tut und warum. Wir erleben nur, was er bewirkt. Wir hören die Musik.

Aber eines Tages wechseln wir die Plätze. Sitzen dann da, wo wir in Weilburg gesessen haben. Sehen Gott von vorn. Und er sieht uns. Und er lächelt uns liebevoll zu. Und er sagt: »Gut, dass du da bist! Ich freue mich über dich. Wir haben jetzt eine ganze Ewigkeit lang Zeit miteinander und Zeit füreinander. Eine ganze Ewigkeit lang Zeit, den unendlichen Himmel meiner Herrlichkeit und meiner Freundlichkeit zu entdecken.«

Wow!

Aber andere bleiben zurück. Traurig und einsam. Für sie scheint die Musik verstummt. Die Welt ist kleiner und einfarbiger geworden. Der Farbfilm des Lebens nur noch ein Schwarz-Weiß-Film. Abschied nehmen tut so weh. Einen lieben Menschen sterben sehen ist einfach nur brutal und grausam. Dietrich Bonhoeffer hat es so gedacht und aufgeschrieben:

Der Tod zeigt an, dass die Welt nicht so ist, wie sie
sein sollte, sondern dass sie der Erlösung bedarf.
*Christus allein ist die Überwindung des Todes.**

Warum müssen wir hier bleiben? Vielleicht, weil wir noch gebraucht werden. Weil uns Menschen brauchen. Weil wir die Liebe Gottes und die Hoffnung auf die ewige Herrlichkeit in ihr Leben spiegeln sollen. Weil wir erzählen sollen, dass er hält. Auch wenn wir scheinbar haltlos zu verzweifeln drohen.

Jesus ist einmal einem Trauerzug begegnet. Eine Witwe hatte ihren einzigen Sohn verloren. Und damit ihren letzten Versorger. Lukas notiert in seinem Evangelium:

Und als sie der Herr sah, jammerte sie ihn
und er sprach zu ihr: Weine nicht!
Lukas 7,13

Jesus sieht. Sieht uns an. Uns Zurückbleibende. Liebevoll. Und es jammert ihn. Er hat tiefes Mitgefühl. Er steht nicht drüber. Er steht neben uns. Weint mit uns. Aber dann sagt er auch: »Weine nicht!« Weine nicht, denn der, den du verloren hast, lebt. Und du wirst auch leben. Mit mir und für mich. In alle Ewigkeit.

---

* Brief vom 15. 8. 1941, zitiert aus: Manfred Weber (Hrsg.): Dietrich Bonhoeffer von A bis Z. Sein Denken und Reden, sein Predigen und Beten in Schlagworten erschlossen. Gütersloh 2010.

Ich wünsch dir den Himmel

Ich wünsch dir den Himmel,
ich wünsche dir Gott.
Ich wünsch dir, an Jesus zu glauben.
Ich wünsch dir das Leben schon hier und auch dort.
Ich wünsch dir, an Jesus zu glauben.

Denn Jesus ist Gott auf den Straßen der Welt,
auf den staubigen Pfaden des Lebens.
Denn Jesus ist Gott, der uns trägt, der uns hält,
der uns hört: Kein Gebet ist vergebens.

Mit Jesus bekommt Gottes Wort Hand und Fuß.
Ein Gesicht, einen Blick, eine Stimme.
Durch Jesus erreicht uns ein wärmender Gruß,
und der Gruß kommt direkt aus dem Himmel.

Wer dem Mann vertraut, der vertraut damit Gott
und vertraut ihm sein Herz an, sein Denken.
Wer diesem Mann glaubt, der glaubt damit an Gott,
und er lässt sich die Ewigkeit schenken.

Ich wünsch dir den Himmel,
ich wünsche dir Gott.

Ich wünsch dir, an Jesus zu glauben.

Ich wünsch dir das Leben schon hier und auch dort.

Ich wünsch dir, an Jesus zu glauben.

Jürgen Werth, aus der CD »Wünsche für dein Leben«
© Abakus Musik Barbara Fietz, 35753 Greifenstein

Halt und Rhythmus für die Woche: Alltage und Sonntage

Als hätte es der Schöpfer gleich gewusst: Ohne Struktur wird alles konturenlos. Ohne Ordnung wird alles beliebig. Ohne Rhythmus wird alles zum undefinierbaren Klangbrei.

Strukturen geben Halt. Ordnungen geben Halt. Der Rhythmus gibt Halt.

Und so schuf er die Welt in sechs Schöpfungstagen und nahm am siebten eine Auszeit – um seinen Menschen ein Beispiel zu geben. Denen schreibt er später ins Stammbuch:

> *Sechs Tage sollst du arbeiten und alle deine Werke tun. Aber am siebenten Tag ist der Sabbat des Herrn, deines Gottes. Da sollst du keine Arbeit tun, auch nicht dein Sohn, deine Tochter, dein Knecht, deine Magd, dein Rind, dein Esel, all dein Vieh, auch nicht dein Fremdling, der in deiner Stadt lebt, auf dass dein Knecht und deine Magd ruhen gleichwie du.*
>
> 5. Mose 5, 13–14

Der Sabbat ist die älteste soziale Maßnahme der Welt. Und vielleicht die wichtigste. Jüdische Theologen behaupten zuweilen, die Schöpfungsgeschichte beschreibe eigentlich nicht die Schöpfung der Welt. Sondern die Schöpfung des Sabbats, des siebten Tages. Und manche sind überzeugt: Wenn einmal alle den Sabbat halten, kann der Messias wiederkommen.

Der jüdische Theologe Abraham Heschel hat eine zusätzliche Bedeutung des Sabbats freigelegt. Sie gilt besonders für uns Heutige, die eher vom Haben als vom Sein bestimmt werden. Der Sabbat soll uns helfen, »frei zu werden von der Diktatur der Dinge«. Der Sabbat gibt dem Menschen Würde. Er ist nicht das, was er tut, nicht das, was er einkauft. Er ist ein geliebtes Geschöpf Gottes, das die unaufgeregte Ruhe des Himmels genießen darf.

Was auch dem Sonntag der Christen eine neue, wichtige Dimension verleiht – verleihen kann, wenn wir denn wollen. Wir Christen feiern ja den Sonntag anstelle des Sabbats, weil er der Tag der Auferstehung unseres Herrn Jesus Christus ist.

Aber feiern wir diesen Tag wirklich? Was unterscheidet unseren Sonntag eigentlich von den anderen Tagen der Woche? Dass wir nicht ins Büro oder in die Backstube müssen? Hoffentlich. Dass wir keine große Wäsche haben, auch nicht fürs Auto? Hoffentlich. Dass wir keine E-Mails lesen und beantworten? Hoffentlich. Dass wir nicht einkaufen, auch nicht im Internet. Vielleicht …

Es wäre die Mühe wert, den Sonntag neu als göttliches Geschenk zu begreifen. Nicht als Gebot, sondern vielmehr als Angebot: zum In-den-Gottesdienst-Gehen. Zum Alltagssorgen-Loslassen. Als Angebot, um frei zu werden für ein Wort vom Himmel. Um frei zu werden für die Menschen, die an meiner Seite sind. Um frei zu werden, Wesentliches zu tun und zu lesen und zu denken. Und um Zeit zu haben, die eigene Welt für ein paar Stunden aus der Vogelperspektive zu betrachten.

Der Sonntag – ein Strukturgeber und Halteseil direkt aus dem Himmel, aus dem Herzen Gottes.

Schön finde ich, dass er am Anfang der Arbeitswoche steht, nicht am Schluss wie der Sabbat. Manche Wandkalender zeigen das auch so an. Da beginnt die Woche mit dem Sonntag und nicht mit dem Montag. Der Sonntag ist nicht das Wochenende. Das ist eigentlich nur der Samstag. Der Sonntag ist der Wochenanfang.

Weil am Anfang immer die Gnade steht und nicht die Leistung. Das Ruh'n und nicht das Tun. Die Gabe und nicht die Aufgabe. Theologen würden noch ergänzen: Der Indikativ und nicht der Imperativ.

Martin Luther hat zuweilen von Gottes »vorlaufender Gnade« gesprochen. Immer läuft uns die Gnade voraus. Immer ist sie schon da. Was wir tun, ist immer nur Antwort auf die Gnade. Ist immer nur Re-Aktion.

Der Sonntag macht das anschaulich.

Wer von diesem Tag aus in die neue Woche startet, startet gelassener und zuversichtlicher als der, der beim Weckerklingeln am Montagmorgen stoßseufzt: »Jetzt fängt wieder alles von vorne an!« Nein, es hat bereits angefangen. Am Sonntag. Mit der Auferstehung unseres Herrn Jesus Christus. Mit der Zuwendung Gottes. Mit seiner Freundlichkeit. Mit seiner Gnade.

Der Sonntag gibt Würde und Halt. Weil er die Woche ordnet und damit das Leben. Weil er einen Anfang setzt, der alles Kommende prägt und bestimmt. Und weil er mir auch in den wildesten Wochen sagt: Ich komme wieder. Und mit mir ein neuer Anfang. Die Gnade Gottes, seine unzerbrechliche Liebe zu mir und zu seiner ganzen Schöpfung umschließt meinen Alltag. Auch wenn er noch so grau ist – er ist umschlossen von Gottes Sonn-Tagen, die mir den Freiraum schenken aufzuatmen, mich auf Gott zu besinnen, damit ich gestärkt und vertrauensvoll wieder in den Alltag zurückkehren kann.

Halt und Rhythmus für das Jahr: Das Kirchenjahr

Was dem Sonntag recht ist, ist den Festen des Kirchenjahres billig. Sie strukturieren das Jahr, geben den 365 Tagen, in denen es so manches Mal turbulent zugeht, eine Form. Das Kirchenjahr ist ja eigentlich ein Jesusjahr. Denn es schreitet die wesentlichen Stationen seiner Geschichte auf der Erde ab. Seiner Lebensgeschichte und dessen, was wir die Heilsgeschichte nennen. Das Kirchenjahr erinnert uns mit jedem Fest an das, was wirklich, wirklich wichtig ist. Daran, was Halt gibt: unserem Glauben und unserem Leben. Vorausgesetzt, wir sind bereit, die einzelnen Stationen wahrzunehmen und ernst zu nehmen und, ja, zu feiern.

Das Kirchenjahr beginnt in der Mitte der dunkelsten Jahreszeit, am 1. Advent.

Advent heißt: Wir warten. Auf das erste und auf das zweite Kommen unseres Herrn. Wir warten wie Hanna und Simeon, die beiden alt gewordenen Glaubensmenschen an der Schnittstelle zwischen Altem und Neuem Testament. Sie warten auf den Messias, den Gesandten Gottes. Sie warten und sie erwarten. Hoffnungsvoll und unverdrossen. Sie bereiten sich vor. Und sind nicht überrascht, als sie plötzlich einen kleinen Säugling in den ausgemergelten Händen halten. »Meine Augen haben deinen Heiland gesehen!«, jubelt Simeon. Advent heißt: Ich halte Ausschau nach dem Heiland. Nach dem Heil. Nach dem, der mich heil machen will. Mich und meine Beziehungen. Die Welt und alle, die sich seine Heilbehandlung gefallen lassen. Advent gibt meinem Leben Halt und Hoffnung, denn ich weiß: Ich warte nicht vergeblich. Gott tut immer, was er versprochen hat.

Weihnachten heißt: Er ist da. Der Himmel berührt die Erde. Gottes Licht scheint mitten in den Nächten der Welt und des Lebens. Christus ist geboren. Der Heiland ist zur Welt gekommen. Der Erlöser. Gott bekommt buchstäblich Hand und Fuß. Einen Blick, ein Gesicht, eine Stimme. Gott selber durchbricht das Gebot, das er selbst gegeben hat:

> *Du sollst dir kein Bildnis machen in irgendeiner*
> *Gestalt, weder von dem, was oben im Himmel,*
> *noch von dem, was unten auf Erden, noch von*
> *dem, was im Wasser unter der Erde ist. Du sollst*
> *sie nicht anbeten noch ihnen dienen. Denn ich,*
> *der Herr, dein Gott, bin ein eifernder Gott, der*
> *die Missetat der Väter heimsucht bis ins dritte*
> *und vierte Glied an den Kindern derer, die mich*

hassen, aber Barmherzigkeit erweist an vielen
tausenden, die mich lieben und meine Gebote
halten.

5. Mose 5, 8–10

Nur Gott darf dieses Gebot brechen. Nur er kann es. Gott wird sichtbar. Hörbar. Fassbar. Erfahrbar.

Wie viel Halt vermittelt dieses Fest! Alle unsere Nächte sind nicht auf ewig dunkel. Gott ist mittendrin. Das Licht von Weihnachten scheint auch dann noch, wenn die Weihnachtsbäume längst kompostiert sind.

Und dann der **Karfreitag**, das vielleicht dunkelste Fest der Christenheit. Oder das hellste? Im englischen Sprachraum jedenfalls heißt dieser Feiertag *Good Friday*, guter Freitag. Ja, dieser Tag ist gut. Tut gut. Macht gut. Ohne diesen Tag säßen wir noch immer in den Verstrickungen unserer Schuld. Müssten uns fürchten vor unserer Vergangenheit und vor unserer Zukunft. Könnten kaum uns selbst in die Augen schauen, geschweige denn einem anderen Menschen oder gar Gott.

Karfreitag heißt: Gott rechnet uns unsere Schuld nicht an. Er vollstreckt die Strafe, die uns zusteht, an seinem Sohn und damit an sich selber.

Vor Jahrzehnten habe ich das in einer Predigt von Klaus Vollmer so gehört: Stell dir vor, du stehst vor Gericht und wirst verurteilt. Du weißt nun, du gehst für Jahre in den

Bau, vielleicht für Jahrzehnte, vielleicht für immer. Da steht plötzlich einer auf, tritt vor den Richter und sagt: Herr Richter, überschreiben Sie bitte die Tat auf mich. Und dann überschreiben Sie die Schuld auf mich. Und auch die Strafe. Und der Richter tut das. Und dann geht ein anderer für dich in den Bau. Und du verlässt den Gerichtssaal als freier Mann, als hättest du dir nie etwas zu Schulden kommen lassen.

Das ist Gnade. Das ist Karfreitag. Kein Tag gibt mehr Halt als dieser. Denn er sagt mir: Du bist auf ewig geliebt. Nichts kann dich mehr trennen von der Liebe Gottes.

Und dann **Ostern**. Nein, »vom Eise befreit« sind nicht nur »Strom und Bäche durch des Frühlings holden belebenden Blick«, wie das Johann Wolfgang von Goethe in seinem legendären »Osterspaziergang« so trefflich beschrieben hat. Nein, auch die Seele ist befreit. Das Hirn. Das Leben insgesamt. Was wohl auch Goethe geahnt haben mag, denn man kann die ersten Zeilen aus seinem Gedicht durchaus auch allegorisch deuten.

> … im Tale grünet Hoffnungsglück;
> der alte Winter, in seiner Schwäche,
> zog sich in raue Berge zurück.
> Von dort her sendet er, fliehend, nur
> ohnmächtige Schauer körnigen Eises
> in Streifen über die grünende Flur.
> Aber die Sonne duldet kein Weißes,

überall regt sich Bildung und Streben,
*alles will sie mit Farben beleben …**

Der Tod hat verloren. Auf ewig verloren. Jesus lebt. Und weil er lebt, werden alle, die sich an ihn halten, auch leben. Ewig leben. Ostern vertreibt den unerbittlichsten Feind allen menschlichen Lebens auf ewig »in raue Berge«. Klar, noch sendet er »ohnmächtige Schauer körnigen Eises«. Denn noch wird gestorben, solange wir auf dieser alten Erde leben. Aber der Tod tut das »fliehend nur«. Er ist auf der Flucht. Ostern ist die Umkehrung aller Gesetzmäßigkeiten unserer Existenz. Seit Ostern ist alles anders. Alles. Seit Ostern gibt es Hoffnung. Berechtigte Hoffnung. Hoffnung, die hält.

Im letzten Kapitel dieses Buches werde ich darauf noch einmal ausführlicher eingehen.

Jetzt feiern wir erst einmal zusammen Christi **Himmelfahrt**. Dieses Fest heißt:

Jesus Christus herrscht als König,
*alles wird ihm untertänig.***

An Himmelfahrt erinnern wir uns selbst und einander daran, dass Christus zurückgekehrt ist in die unsichtbare Welt des Vaters. Er ist nun der, der »zur Rechten Gottes ist und uns

---

* aus Johann Wolfgang Goethe: »Faust. Der Tragödie erster Teil«
** aus einem Lied von Philipp Friedrich Hiller

vertritt« (Römer 8,34). Der Apostel Petrus beschreibt Jesus in seinem 1. Brief als den, »welcher ist zur Rechten Gottes, aufgefahren gen Himmel, und es sind ihm untertan die Engel und die Gewaltigen und die Mächte« (1. Petrus 3,22).

Niemand steht über Jesus. Niemand und niemals.

Am Tag vor seinem Tod hat der Schweizer Theologe Karl Barth zu seinem Freund Eduard Thurneysen gesagt, nachdem sie sich über die finstere Lage der Welt ausgetauscht hatten:

> *Ja, die Welt ist dunkel. Nur ja die Ohren nicht hängen lassen. Denn es wird regiert, nicht nur in Moskau oder in Washington oder in Peking, sondern es wird regiert, und zwar hier auf Erden, aber ganz von oben, vom Himmel her! Gott sitzt im Regimente! Darum fürchte ich mich nicht. Bleiben wir doch zuversichtlich auch in den dunkelsten Augenblicken! Lassen wir die Hoffnung nicht sinken, die Hoffnung für alle Menschen, für die ganze Völkerwelt! Gott lässt uns nicht fallen, keinen einzigen von uns und uns alle miteinander nicht! – Es wird regiert!**

Himmelfahrt heißt nicht mehr und nicht weniger als das: Es wird regiert! Und auch, wenn scheinbar die Haltlosen das

---

* Karl Kupisch: Karl Barth, rororo Bildmonographien, Hamburg 1971, S. 135.

Sagen haben – das letzte Wort spricht der, der an der Seite des Vaters sitzt. Und auch, wenn es drunter und drüber zu gehen scheint und kein Stein auf dem anderen bleibt – das Jesuswort gilt: »Himmel und Erde werden vergehen. Aber meine Worte werden nicht vergehen.« Auf sein Wort ist Verlass. An ihn kann man sich halten.

Und **Pfingsten** heißt: Der Regent schickt seinen Untertanen einen persönlichen Beistand. Einen Boten, in dem er ganz und gar selbst gegenwärtig ist. Der Heilige Geist kommt auf die, die alles von Gott erwarten. Dieser Geist erinnert sie an das, was wirklich zählt. Er erklärt ihnen, wie groß Gottes Liebe zu ihnen ist. Er tröstet und stärkt sie in Zeiten der Anfechtung. Er ist der gegenwärtige Christus in dieser Welt und in ihrem Leben.

Der Geist verteilt Gaben und Aufgaben. Er führt Menschen zueinander, die sich nie gesucht hätten, und schafft so die Gemeinde der Christinnen und Christen, die Kirche. Ohne ihn blieben seine Leute haltlos verstört und verstreut. Vaterseelenallein. Und menschenseelenallein.

Und am Ende des Kirchenjahres steht der **Ewigkeitssonntag**. Früher hieß er Totensonntag. Gut, dass er einen anderen Namen bekommen hat. Denn er ist mehr als ein Erinnerungstag an die Verstorbenen des zu Ende gehenden Jahres. Er ist ein Sonntag, der die Ewigkeit in den Blick rückt. Der Menschen helfen möchte, klug zu werden. Weise. Denn nur der ist klug, der weiß, dass das Leben auf dieser Erde endlich ist – aber auch, dass das Ende eben nicht das Ende ist, sondern ein Anfang. Der Anfang aller Anfänge. Die Eintrittskarte für die Ewigkeit.

Es geht weiter. Wer sich an Gott hängt, für den geht es immer weiter. Sogar nach dem Tod. Für ihn hat das Leben kein Verfallsdatum mehr. Er ist gehalten über den Tod hinaus.

Mit dem Kirchenjahr leben heißt, mit Gott zu leben. Mit Jesus. Mit seinem Geist. Heißt, die Spitzenereignisse seiner Geschichte mit uns und mit dieser Welt zu feiern und sie so immer wieder hineinzuholen in unser Bewusstsein. Heißt, dem Jahr eine Struktur zu geben. Dem Jahr und dem Leben. Heißt, von Haltepunkt zu Haltepunkt zu leben und niemals zu vergessen, wovon wir leben, worauf es ankommt, was Halt gibt. Was hält.

Eselsbrücken über
die Abgründe des Alltags

Zum Glück ist Gott nicht nur ein Feiertagsgott. Er ist ein Alltagsgott. Darum bietet er seinen Kindern eine Fülle weiterer Erinnerungshilfen an: Eselsbrücken über die alltäglichen Abgründe des Schmerzes und des Zweifels. Eselsbrücken mit Geländern, an denen man sich festhalten kann.

Da ist das tägliche Gebet am Morgen und am Abend. Keine fromme Übung soll das sein, keine lästige Pflicht, sondern eine hochwillkommene Vergewisserung, dass Gott da ist. Dass er für mich da ist. Dass er hält und heilt und vergibt.

Das kann ein freies Gebet sein. Ein kurzes müdes Stoßgebet. Das kann ein Gebet sein, dass andere lange vor mir formuliert haben.

Mir helfen der Morgen- und der Abendsegen von Martin Luther. Die Texte fassen auf wunderbare Weise zusammen, was ich Gott am Morgen und am Abend sagen möchte. Und woran ich mich von seinem guten Geist erinnern lassen möchte. Beinahe jeden Morgen und jeden Abend spreche ich diese kleinen Gebete.

Luther hat diese Gebete in eine kleine private Liturgie eingebettet:

> *Des Morgens, wenn du aufstehst, kannst du dich*
> *segnen mit dem Zeichen des heiligen Kreuzes und*
> *sagen:*
> *Das walte Gott Vater, Sohn und Heiliger Geist!*
> *Amen*
> *Darauf kniend oder stehend das Glaubensbe-*
> *kenntnis und das Vaterunser.*
> *Willst du, so kannst du dies Gebet dazu sprechen:*
> *Ich danke dir, mein himmlischer Vater, durch*
> *Jesus Christus, deinen lieben Sohn, dass du mich*
> *diese Nacht vor allem Schaden und Gefahr behü-*
> *tet hast, und bitte dich, du wollest mich diesen*
> *Tag auch behüten vor Sünden und allem Übel,*
> *dass dir all mein Tun und Leben gefalle. Denn ich*
> *befehle mich, meinen Leib und Seele und alles in*
> *deine Hände. Dein heiliger Engel sei mit mir, dass*
> *der böse Feind keine Macht an mir finde.*
> *Als dann mit Freuden an dein Werk gegangen*
> *und etwa ein Lied gesungen oder was dir deine*
> *Andacht eingibt.*

Und am Abend der Abendsegen:

> *Des Abends, wenn du zu Bett gehst, kannst du*
> *dich segnen mit dem Zeichen des heiligen Kreuzes*
> *und sagen:*
> *Das walte Gott Vater, Sohn und Heiliger Geist!*
> *Amen*
> *Darauf kniend oder stehend das Glaubensbe-*
> *kenntnis und das Vaterunser. Willst du, so kannst*
> *du dies Gebet dazu sprechen:*
> *Ich danke dir, mein himmlischer Vater, durch*
> *Jesus Christus, deinen lieben Sohn, dass du mich*
> *diesen Tag gnädiglich behütet hast, und bitte*
> *dich, du wollest mir vergeben alle meine Sünde,*
> *wo ich Unrecht getan habe, und mich diese Nacht*
> *auch gnädiglich behüten. Denn ich befehle mich,*
> *meinen Leib und Seele und alles in deine Hände.*
> *Dein heiliger Engel sei mit mir, dass der böse*
> *Feind keine Macht an mir finde.*
> *Alsdann flugs und fröhlich geschlafen.*

Nein, diese Form ist beileibe kein Muss. Dagegen hätte sich der Reformator selbst energisch gewehrt. Es ist eine Hilfe, denn so ein fester Tagesrhythmus gibt dem Tag eine Struktur. Und auf geheimnisvolle Art auch dem Leben.

Bei Dietrich Bonhoeffer habe ich eine wertvolle Ergänzung

entdeckt. Im Predigerseminar der Bekennenden Kirche in Finkenwalde, dass er von 1935 bis 1940 geleitet hat, wollte er mit seinen Vikaren nicht nur gemeinsam studieren und diskutieren, sondern auch so etwas wie ein gemeinsames geistliches Leben führen. Dazu gehörte die Regel: Der erste und der letzte Gedanke des Tages gehören Gott. Und das erste und das letzte Wort des Tages auch.

Nebenbei: Ob mein Tag zuweilen deshalb so hektisch verläuft, weil sich die ersten Gedanken am Morgen um mich und meine Unmöglichkeiten gedreht haben statt um Gott und seine Möglichkeiten? Ob ich deshalb zuweilen so ungehalten bin, weil ich mich am Morgen nicht vergewissert habe, dass ich gehalten bin? Und ob ich zuweilen deswegen alles andere als »fröhlich« schlafe, weil ich in meine Friedlosigkeit weggeschlummert bin und nicht in den Frieden Gottes? Weil ich alle ungelösten Fragen und Probleme mit hineinnehme in meine wirren Träume? Wie viel besser ist es doch, am Ende des Tages zu wissen, dass auch in der Dunkelheit der Nacht gilt: Ich halte dich. Gott.

Aber nicht nur ich spreche zu Gott am Morgen und am Abend. Er spricht auch zu mir. Wie gut, wenn das Losungsbuch neben meinem Bett liegt. Oder wenn ich auf meinem Smartphone, noch bevor ich mein Facebook- oder E-Mail-Konto checke und die neuesten Tagesnachrichten abrufe, als allererstes ein Wort von Gott lese.

Gott.net, die schon erwähnte Ideenschmiede aus dem

Münsterland, bietet einen besonderen Service: die »SMS von Gott«. Jeden Morgen kommt pünktlich ein persönlich formuliertes Gotteswort aufs Handy. Wie eine Nachricht aus dem Himmel. Das tut gut. Das gibt dem Tag eine Richtung. Das ist eine kostbare Eselsbrücke über die Schluchten des beginnenden Tages. Ein Wort, an das ich mich halten kann.

In der mönchischen Tradition ist man noch einen Schritt weiter gegangen. Dort strukturieren sogenannte Stundengebete oder Tagzeitengebete den Tag und sind eine Antwort auf die Aufforderung von Paulus: »Betet ohne Unterlass!« (1. Thessalonicher 5,17). Das kann hilfreich sein. Denn jede Phase des Tages hat ihre ganz besonderen Herausforderungen, nicht nur der Morgen und der Abend. Es gibt Stunden- und Tagzeitenbücher, die Gebete, Bibeltexte und Liedverse für die Gestaltung dieser Gebetszeiten vorschlagen.

Pate gestanden hat bei dieser Praxis auch die Tradition des Judentums, nach der man sich dreimal am Tag zum Gebet versammelt.

In manchen Evangelischen Kirchengesangbüchern findet man Anleitungen für diese besonderen Gebetszeiten. In Taizé hat man sich auf vier Gebetszeiten verständigt: die Mette oder Laudes am Morgen, die Sext am Mittag, die Vesper am Abend und die Komplet zu Beginn der Nacht.

Ich persönlich greife immer wieder gerne zum Tagzeitenbuch der Michaelsbruderschaft. Besonders dann, wenn die Worte für eigene Gebete ins Stocken geraten. Ein Freund sagt zuweilen, dass vorformulierte Gebete wie ein Sessellift sind, der die eigenen Gebete sanft mitnimmt Richtung Himmel.

So beginnt der Morgen in der Regel mit diesem Text:

Die Nacht ist vergangen, der Tag ist herbeigekommen. Lasset uns wachen und nüchtern sein und abtun, was uns träge macht. Lasset uns laufen mit Geduld in dem Kampf, der uns verordnet ist.

Und das Mittagsgebet beginnt mit den Worten:

Auf der Höhe des Tages halten wir inne. Lasset uns Herzen und Hände erheben zu Gott, der unseres Lebens Mitte ist.

Besonders liebe ich dieses uralte Abendgebet:

Unser Abendgebet steige auf zu dir, Herr, und es senke sich herab auf uns dein Erbarmen. Dein ist der Tag und dein ist die Nacht. Lass im Dunkel uns leuchten das Licht deiner Wahrheit. Geleite uns zur Ruhe der Nacht und dereinst zur ewigen Vollendung.

Beim Beten weiß ich, dass sich ungezählte Menschen vor mir an diese Worte gehalten haben. Ich spüre in den Zeilen ihre

Fragen und Antworten. Ihre Zweifel und ihren Glaubensmut. Ich fühle, dass sie ihre eigenen Ängste und Sehnsüchte in diese Worte eingefüllt haben. So, wie ich das jetzt auch tue. Und ich merke, dass diese Worte wie ein Gebetsgeländer waren, an dem sich schon viele Menschen entlanggehangelt haben.

Wer betet, mag, ja muss seinen eigenen Weg finden. Seine eigene Struktur. Die darf er dann auch immer wieder einmal ändern, wenn der alte Weg allzu eingefahren scheint. Aber das sollte man nicht vorschnell tun. Treue und Geduld zahlen sich auch in unserem täglichen Gespräch mit Gott aus.

Zu den festen Gebeten gehört wohl auch das Tischgebet. Es erinnert mich und andere daran, dass ich die Lebensmittel, die auf dem Tisch stehen, nicht mir selber verdanke. Dass ich das Leben nicht mir selber verdanke. Die Menschen nicht, mit denen ich am Tisch sitze. Und dass ich auch mich nicht mir selber verdanke.

Gebete, ob frei gesprochen oder vorformuliert, sind bewährte Eselsbrücken über die Abgründe unseres Alltags. Eselsbrücken mit Geländer. Glaubens- und Lebenskrücken. Geh- und Stehhilfen, die ganz viel Halt geben dem, der danach greift.

Alles hängt an Christus

Die Grundsätze der Reformation sind in den vier berühmten »Soli« zusammengefasst worden: *Sola fide, sola gratia, sola scriptura, solus Christus.* Allein der Glaube, allein die Gnade, allein die Schrift, allein Christus. Wobei es Martin Luther vor allem auf das »Solus Christus« ankam. Denn alles hängt an Christus. Unser Heil. Unsere Hoffnung. Unser Halt. Unser Gestern. Unser Heute. Unser Morgen.

Alles hängt an Christus. Und wir hängen an ihm. Und wir hängen auf ewig von ihm ab. Ich finde, wir sollten diese vier »Soli« immer wieder einmal abschreiten. In unseren persönlichen Gebetszeiten, im Gottesdienst und in unseren Bibelstunden. Orientieren sich unsere Gedanken noch an diesen Grundsätzen? Unsere Lebenshaltungen? Unsere Beziehungen?

Glaube ich wirklich, dass es allein auf den Glauben ankommt, auf das Vertrauen in Gottes Freundlichkeit? Oder denke ich tief drinnen doch immer wieder, ich müsste doch auch etwas tun, um mir Gottes Liebe zu verdienen? Glaube ich an die Gnade? Oder setze ich doch insgeheim auf meine fromme Leistung? Glaube ich der Bibel, in der Gott bekanntgemacht hat, was er denkt und plant und will? Oder traue ich meinen Erfahrungen am Ende mehr? Glaube ich an Christus, den einzigen Weg zu Gott?

In den letzten Jahren wurde immer wieder darüber diskutiert, was evangelisch oder gar evangelikal sei. Für mich ist evangelische Frömmigkeit mit diesen vier Soli beschrieben. Sie beschreiben so etwas wie das Alleinstellungsmerkmal des christlichen Glaubens, sind die Stützmauern unserer Theologie. Stützmauern, die seit Jahrhunderten Menschen aller Nationen und Generationen Halt geben.

Für das Luther-Musical »Bruder Martinus« habe ich versucht, diese vier Soli für mich, für uns neu fassbar zu machen. Wollen wir die einzelnen Stationen einmal miteinander abschreiten?

Zunächst die Zusammenfassung in sechs Zeilen:

Sola fide – nur der Glaube[*]

Sola fide – nur der Glaube
An den einen: Gottes Sohn
Solus Christus, er alleine
Ist die Gnade in Person
Und die Schrift erzählt davon

---

[*] Text: Jürgen Werth, aus der CD »Bruder Martinus«, © Abakus Musik Barbara Fietz, 35753 Greifenstein

Und dann das erste, alles entscheidende »Solus«:

Solus Christus –
Gottes ausgestreckte Hand in diese Welt
Solus Christus –
Der uns jetzt und alle Zeiten hört und hält
Einzig Christus –
Ist das Leben und die Wahrheit und der Weg
Einzig Christus –
Gottes ewiger Barmherzigkeitsbeleg

Der Gott, an den wir glauben, hat ein menschliches Gesicht, eine menschliche Gestalt. Jesus Christus ist der Gott, der uns zugewandt ist und der sich nie wieder abwendet. Er ist Gottes Ja, in dem kein Nein ist. In ihm streckt uns Gott die Hand entgegen. In ihm versöhnt er sich mit uns. In ihm vergibt er unsere Schuld. Christus ist das Leben von Gott. Ewiges Leben. Überströmendes Leben. Unsterbliches Leben. Christus ist die Wahrheit über Gott. Über die Welt. Über uns Menschen. Die unbestechliche Wahrheit. Aber immer auch die barmherzige Wahrheit. Christus ist Gottes Weg zu uns und unser Weg zu Gott. Der Weg der Barmherzigkeit, des Friedens, der Liebe. Nur durch Christus dürfen wir zu Gott »Vater« sagen. Weil er unser Bruder geworden ist. Christus ist der ewige Beleg dafür, dass Gott uns gnädig ist.

Paulus schreibt einmal, er wolle diesen Christus immer

besser kennenlernen. Will ich das auch? Oder bilde ich mir ein, ihn längst gut genug zu kennen? Ich will immer wieder neu über ihn nachdenken. Will ihn suchen und finden in seinem Wort, in der Welt, in meinem Leben. Will Menschen, die ihn kennen, fragen, was sie besonders an ihm schätzen. Was sie mit ihm erlebt haben. Will ältere Freunde immer wieder fragen, wie dieser Christus ihrem Leben Halt gegeben hat.

> *Sola gratia –*
> *Nur die Gnade, unbezahlt und unverdient*
> *Sola gratia –*
> *Weil der Sohn am Kreuz für unsre Sünden sühnt*
> *Nur die Gnade –*
> *Steigt herab und läuft uns nach und hält uns aus*
> *Nur die Gnade –*
> *Lockt aus irdischer Verlorenheit nach Haus*

Gnade kann man nicht verdienen. Gnade muss man sich gefallen lassen. Gnade ist ein unerwartetes und unverdientes Geschenk. Das unterscheidet den christlichen Glauben von anderen Religionen, die Menschen einen dornigen und holprigen Weg zur Erkenntnis Gottes weisen. Ob sie jemals dort ankommen werden, liegt an ihnen. Christen bekennen: Gott kommt zu uns. Er teilt sein Leben mit uns. Er nimmt uns als Kinder an, ohne dass wir uns dafür qualifiziert hätten. Gott holt uns höchstpersönlich aus unseren irdischen Verstrickungen heraus. Er überbrückt den tiefen Graben, den wir Sünde nennen, durch das Kreuz von Jesus. Gott will, dass wir seinen Himmel bewohnen. In alle Ewigkeit. Und er schafft selbst alle Voraussetzungen dafür, dass das möglich wird.

Ein Freund von mir hat ein schönes Beispiel dafür, wie wir Gnade oft verstehen: Man solle sich einfach mal vorstellen, es würde eine Autobahnbrücke über einen großen See eingeweiht. Und vorne stünde ein Schild: Auf dem letzten Kilometer bitte bis zum Anschlag beschleunigen, denn die letzten zehn Meter haben wir aus Kostengründen nicht mehr gebaut. Sie müssen versuchen, mit möglichst viel eigenem Schwung das andere Ufer zu erreichen.

Unvorstellbar! Ein Schildbürgerstreich sondergleichen. Nein, die Brücke ist gebaut. Komplett. Gottes Gnade hält, reicht bis ans andere Ufer. Sie führt mich in sicheres Land. Sie hält.

Sola fide –
Nur wer treu an Christus glaubt wird Gott gerecht
Sola fide –
Glauben heißt: ich gebe Gott das Sorgerecht
Nur der Glaube –
Sieht den Vater, er nimmt uns als Kinder auf
Nur der Glaube –
Seine Türen gehen nur von innen auf

Unsere Antwort auf die Gnade ist Glaube. Ist Vertrauen. Wir vertrauen Gott und wir vertrauen ihm unser Leben an. Unsere Sehnsüchte und unsere Ängste. Unsere Vergangenheit und unsere Zukunft. Glaube ist ein Beziehungswort. Es wurzelt im mittelhochdeutschen Wort »gelowen«. Was »geloben« bedeutet, aber auch »sich verloben«. So gesehen: Wer glaubt, verlobt sich mit Gott. Glauben ist nicht in erster Linie ein Fürwahrhalten von Behauptungen, die sich nicht beweisen lassen. Glauben heißt: Ich vertraue auf Gottes Gnade. Ich vertraue, dass Christus auch für mich gestorben und auferstanden ist. Ich vertraue, dass er mich an jedem Tag des Lebens trägt und hält und führt. Und dass er es immer gut mit mir meint.

Freilich kann ich manchmal nur beten: »Ich glaube, hilf meinem Unglauben!« Aber Gott hört auch diese Gebete. Vielleicht hört er die besonders gerne – weil sie ehrlich sind. Ich muss meine Zweifel nicht verstecken. Ich darf sie Gott vor die Füße legen und ihn bitten, mir immer wieder beizustehen inmitten meines Unglaubens.

Sola scriptura –
Nur die Schrift, die Botschaft aus der Ewigkeit
Sola Scriptura –
Gottes Mittel gegen die Vergesslichkeit
Nur die Bibel –
Himmelsworte, lesbar, lebbar Tag und Nacht

Nur die Bibel –
Gottes Wille für uns auf den Punkt gebracht

Der christliche Glaube ist nicht in erster Linie eine Buchreligion, auch wenn er immer wieder dafür gehalten wird. Der christliche Glaube ist eine Beziehungsgeschichte. Gott geht eine Beziehung mit seinen Menschen ein. Immer und immer wieder. Das ist nun freilich dokumentiert: in einem Buch. Wir haben es schwarz auf weiß. Die Bibel ist die Dokumentation der Geschichte Gottes mit seinen Menschen. Sie dokumentiert sein Wesen und seinen Willen. Sie ist sein Wort. Gottes Wort im Menschenwort, so wie Jesus Gottes Sohn in Menschengestalt war – anders würden wir ihn wohl kaum verstehen. Nun aber wissen wir, wie er ist und was er will. Dabei ist die Bibel kein altes und totes Dokument. Sie ist Gottes lebendiges Wort. Immer wieder spricht er es in das Leben seiner Menschen und in die Welt.

Wer mit Gott leben will, wird mehr und mehr auch mit der Bibel leben wollen. Denn sie hat »Worte des ewigen Lebens«, wie es in Johannes 6,68 heißt. Auf diese Worte ist Verlass. Und sie erinnern uns immer wieder daran, was uns hält. In Psalm 31,15 (Hfa) zum Beispiel:

Ich aber, Herr, vertraue dir: Du bist mein Gott,
daran halte ich fest!

Oder in Matthäus 7,24–27, wo Jesus das Gleichnis vom Hausbau erzählt und deutlich machen will, was uns ein sicheres Fundament gibt: seine Worte.

Wir leben mit Gott nicht in einem luftigen Traumschloss. Wir haben ein festes Haus mit einem soliden Fundament. Mit Fenstern, durch die die Sonne scheint. Und mit Türen, die für alle Menschen offen stehen. Es ist das Haus der Gnade und des Glaubens. Das Haus, in dem die Bibel ernst genommen wird. Dieses Haus gehört Christus. Es immer wieder neu zu entdecken und zu einem Zuhause zu machen, ist die sinnvollste Lebensaufgabe, die sich denken lässt. Wer hier wohnt, ist gehalten. In Zeit und Ewigkeit.

Weil Jesus lebt,
muss alles gut werden

Die Grundschullehrerin hat mit ihrer Klasse den alten orthodoxen Ostergruß geübt.

»Der Herr ist auferstanden!«, sagt sie.

Und die Klasse antwortet geschlossen: »Er ist wahrhaftig
auferstanden!«

Nein, nicht die ganze Klasse. Ein siebenjähriges Mädchen
hat irgendwie nicht ganz aufgepasst und ruft stattdessen:

»Er ist ganz heftig auferstanden!«

Gelächter.

Und Nachdenken. Besonders bei der Lehrerin.

»Das war so toll!«, schreibt sie. »Ich musste so lächeln. Und
gleichzeitig fielen mir diese Worte viel tiefer ins Herz als die
›richtigen‹. Ja, er ist wirklich ganz heftig auferstanden und
nicht nur so lyrisch, poetisch verkünstelt. Und er lebt ganz
heftig! Und ich will mich noch einmal aufmachen zu glauben,
dass er auch ganz heftig eingreift in mein Leben und in meine
Dunkelheit. Das ist auch ganz heftig nötig …«

Jesus ist ganz heftig auferstanden. Damit ist Ostern für mich das wichtigste Ereignis der Weltgeschichte. Und meiner kleinen Lebensgeschichten. Kein Ereignis sonst verströmt so viel Hoffnung und Zuversicht. Kein Ereignis sonst stellt so unnachahmlich alles auf den Kopf, was in dieser Welt gilt und schon immer gegolten hat.

Der unerbittlichste Feind des Lebens ist besiegt! Tod und Teufel haben ihre gnadenlose Zerstörungsmacht eingebüßt.

Ja, es wird immer noch gelitten. Ja, es wird immer noch gestorben. Aber es wird niemand jemals mehr endgültig vernichtet. Der Tod hat nicht mehr das letzte Wort in dieser Welt und in unserem Leben. Weil Jesus ganz heftig auferstanden ist.

»Es muss alles gut werden, weil Christus auferstanden ist«, hat der dänische Philosoph und Theologe Sören Kierkegaard im 19. Jahrhundert geschrieben. Und der Schweizer Theologe Karl Barth hat rund hundert Jahre später ergänzt: »Wer die Osterbotschaft gehört hat, der kann nicht mehr mit tragischem Gesicht herumlaufen und die humorlose Existenz eines Menschen führen, der keine Hoffnung hat.«

Wir haben Hoffnung und Halt. Weil Jesus lebt. Weil er ganz heftig auferstanden ist.

Aber der Reihe nach. Was genau ist damals eigentlich passiert? Lassen Sie sich ein paar Minuten mit hineinnehmen in das Geschehen von damals, das einer der Schüler von Jesus aufgeschrieben hat: Johannes. (Wenn Sie es im Original nachlesen wollen: Johannes-Evangelium, Kapitel 20, Verse 1–18)

Die Nachfolger des Mannes aus Nazareth standen unter Schock. Ihr Meister, ihr Lehrer war tot. Der, den sie für den Messias gehalten hatten, den Christus, den von Gott versprochenen Retter und Erlöser. Alles hatten sie für ihn aufgegeben. Alles hatten sie von ihm erwartet. Ein neues Leben. Eine neue Zeit.

Und nun war alles vorbei. Am Freitag vor dem Sabbat hatte man Jesus gekreuzigt. Wie einen Barbaren. Denn römischen Bürgern mutete die Besatzungsmacht in Israel diese Todesart nicht zu. Zuvor hatten sie ihn in einem einzigartigen Schauprozess zum Tode verurteilt, obwohl er ganz und gar unschuldig war. Aber er hatte ihre Machtstrukturen erschüttert. Und ihre Glaubenskonstrukte. Weil er gelehrt hatte, dass man Gott mehr gehorchen muss als den Menschen. Weil er die Liebe über das Gesetz gestellt hatte. Die Liebe zu Gott und zu den Menschen. Weil er den Allmächtigen seinen Vater genannt hatte.

Und ach … Die Jünger wussten ja selbst nicht, warum alles so gekommen war.

Bis zuletzt jedenfalls hatten sie auf ein Wunder gehofft. So viele Wunder hatten sie ja schon mit ihm erlebt. Hätte er nicht einfach herabsteigen können von diesem Kreuz?

Doch nun war er tot. Ganz und gar und endgültig tot. Und mit ihm waren alle ihre Hoffnungen und Sehnsüchte und Träume gestorben.

In ein Felsengrab hatten sie ihn gelegt, das kurzfristig von einem reichen Mann, einem heimlichen Verehrer von Jesus, zur Verfügung gestellt wurde. Einbalsamiert hatten sie ihn und in weiße Leichentücher gewickelt. Und dann war eine schwere runde Platte vor das Grab und vor ihren Glauben gerollt worden. Alles aus. Alles vorbei. Vorhang zu.

Dann war Sabbat. Buchstäblich Sabbat. Es war der stillste und längste und schwärzeste Sabbat ihres Lebens. Niemand durfte arbeiten an diesem Tag. Sie konnten sich nicht einmal mehr rühren. Dumpf hing jeder von ihnen seinen zentnerschweren, nachtdunklen Erinnerungen nach. Die elf Männer, die er seine Jünger genannt hatte, und manch anderer aus dem Kreis derjenigen, die mit ihm unterwegs gewesen waren.

Auch Maria war dabei. Maria aus Magdala, dem kleinen Ort am See Genezareth, die spätere Generationen wegen ihrer Herkunft Maria Magdalena nennen würden. Seit Jesus »sieben Geister« aus ihrer Seele und aus ihrem Körper getrieben hatte, war sie nicht mehr von seiner Seite gewichen. Gesund hatte er sie gemacht. Heil. Weil er der Heiland war. Der Seelenheiland und der Körperheiland. Und der Glaubensheiland. Seit dieser ersten Begegnung mit ihm konnte sie wieder glauben, dass der Gott im Himmel ihr Vater auf der Erde sein wollte. Ihm verdankte sie alles. Er war ihr Lebensinhalt geworden.

Am Morgen nach dem Sabbat hielt sie nichts mehr. Sie konnte einfach nicht anders, sie musste zum Grab. Sein, wo er ist. Trauern und weinen in seiner Nähe.

Doch an diesem Grab wartete der nächste Schock: Der Stein war weggerollt! Was bedeutete das? Offenbar hatten sie den Leichnam ihres Herrn nun auch noch gestohlen! Vielleicht, damit hier keine Pilgerstätte entstand und Jesus über seinen Tod hinaus nicht für Unruhe sorgen konnte.

Nun hatte sie nicht einmal mehr einen Platz für ihre abgrundtiefe Traurigkeit!

Taumelnd rannte sie zurück zu den Männern. Erzählte stockend und mit verheulten Augen, wofür sie eigentlich keine Worte hatte, und stolperte zurück zum Grab. Mit Petrus und Johannes. Der blieb zunächst vor der Grabhöhle stehen. Nur Petrus traute sich hinein und musste erleben, wie der Verdacht zur traurigen Gewissheit wurde: Das Grab war leer! Jesus war verschwunden! Die Leinentücher sorgfältig zusammengelegt.

Niemand von ihnen verstand auch nur irgendetwas.

Nun ging auch Johannes hinein. Sah – und fing an, sich zu erinnern. Hatte Jesus nicht angekündigt, er würde auferstehen? Am dritten Tag? Freitag, Samstag, Sonntag – heute war der dritte Tag!

Ratlos gingen die Männer wieder nach Hause. Maria nicht. Sie konnte nicht. Wollte nicht. Maria war wie gelähmt. Doch irgendwann wagte sie's.

Und sah durch den Tränenschleier vor ihren Augen auf einmal, was die Männer nicht gesehen hatten: Engel. Strahlendweiße, gleißend helle Engel. Himmelsboten.

Die fragten Maria: »Warum weinst du?«

Was für eine Frage! Wie sollte sie nicht weinen!

Doch sie sagte es ihnen.

Und drehte sich um.

Und sah einen Mann. *Das muss der Gärtner sein!*, dachte sie. Schließlich lag das Felsengrab im Garten eines reichen Mannes. Der musste schließlich einen Gärtner haben!

Auch er fragte: »Warum weinst du?«

Sind denn hier alle begriffsstutzig?, muss es sie durchzuckt haben. Aber auch ihm gab sie Antwort.

Da sagte der Fremde ein Wort, das sie elektrisierte. Nur ein einziges Wort.

»Maria!«

Und sie wusste schlagartig, dass es Jesus war. Ihr Herr. Ihr Freund. Ihr Heiland. Ihr Retter. Ihr Meister. Denn nur er kannte ihren Namen. Und nur er sprach sie so an. So vertraut. So liebevoll. Träumte sie? War sie auch gestorben?

Oder war das die unglaublichste Geschichte der Geschichte? Die Sensation der Sensationen? Jesus lebt? Wirklich?

Sie wusste später nicht mehr, wie sie zurück zu den anderen gekommen war. Aber sie hatte nun eine Nachricht im Gepäck, die alles veränderte. Die aus der dunkelsten Nacht den hellsten Tag machte. Aus der tiefsten Traurigkeit die höchste Freude. Glaubte sie eigentlich selber schon richtig, was da aus ihr herausplatzte?

»Jesus lebt! Jesus lebt! Jesus lebt!

Ich habe ihn gehört! Ich habe ihn gesehen!«

Seitdem sind ungezählte Christen mit genau dieser Botschaft unterwegs. Seitdem halten sich ungezählte Menschen an diesem Evangelium fest. An dieser guten Nachricht. Wenn auch alles wankt – das steht fest: Jesus lebt. Und alles ist gut. Alles wird gut. Hier und jetzt und dort und für immer.

Er ist ganz heftig auferstanden!

Das folgende Lied habe ich Maria in den Mund gelegt, damit sie es allen Trost- und Halt- und Hoffnungslosen in die Seele singen kann. In die trüben Gedanken und Gefühle.

Und dein Engel sagt: Er lebt

Graue Tage, schwarze Nächte
Und ein Herz schwer wie die Welt
Er ist fort, der Gottgerechte
der die Welt zusammen hält
Suchst sein Grab um still zu trauern
Nur noch dort bist du ihm nah
Doch während Zweifel auf dich lauern
Ist ein Wort vom Himmel da

Und dein Engel sagt: Er lebt!

Jeder Teich wie sieben Meere
Jeder Windhauch ein Passat
Jeder Schritt ein Sturz ins Leere
Jeder Weg ein schmaler Grat
Hast die Hoffnungen begraben
Hast die Sehnsucht aussortiert
Willst nichts sein, willst nichts mehr haben
Als ein Wort dich elektrisiert

Und dein Engel sagt: Er lebt!

Und auf einmal brennt ein Feuer
Licht durchflutet deine Welt
Und verjagt den dunklen Schleier
Der Kopf und Herz gefangen hält
Und auf einmal klingen Lieder
Der November wird zum Mai
Und das Leben hat dich wieder
Und du atmest froh und frei

Und dein Engel sagt: Er lebt!

Text: Jürgen Werth, aus der CD »Wenn ein Engel dir begegnet«
© Abakus Musik Barbara Fietz, 35753 Greifenstein

Auf ewig gehalten

Nichts macht Menschen mehr Angst als ein Erdbeben. In der neuseeländischen Hauptstadt Wellington habe ich vor kurzem auf einer Plattform gestanden, auf der so ein Erdbeben simuliert wurde. Schwankender Boden. Schwankende Aussichten. Die totale Grundverunsicherung.

Weiter südlich, in Christchurch, habe ich dann gesehen, was so ein Erdbeben anrichtet. Am 22. Februar 2011 ist es passiert. Um 12.51 Uhr Ortszeit. Mitten am Tag. Ein Erdbeben mit der Stärke 6,3 brachte 185 Menschen den Tod. Zertrümmerte in wenigen Sekunden rund 70 Prozent der Gebäude im Zentrum oder machte sie für immer unbewohnbar. Noch heute ist fast die gesamte Innenstadt gesperrt. »Red Zone«. Was noch steht, wird wohl auch noch abgerissen werden müssen, weil die Statik nicht mehr stimmt. Und weil der Untergrund nach dem Beben kein solider Baugrund mehr ist.

Da bebt die Erde für ein paar Sekunden und nichts ist mehr, wie es war und wie es eigentlich hätte bleiben können.

Die Leute in Christchurch haben aus der Not eine Tugend

gemacht. Sie haben bunte Container in die Haupteinkaufs-
straßen gestapelt und neue Läden und Restaurants eingerich-
tet. Alles provisorisch. Aber wer weiß, wie lange das Provisorium ein Provisorium bleibt.

Menschen bauen. Haben schon immer gebaut. Bauen
zuweilen für die Ewigkeit. Oder wenigstens für das, was sie
für die Ewigkeit halten. Doch manchmal wird alles mit einem
einzigen Wimpernschlag der Geschichte dem Erdboden
gleichgemacht. Durch ein Erdbeben wie in Christchurch.
Durch eine Feuersbrunst wie im Mittelalter in vielen Städten.
Durch einen Bombenangriff.

Mir gefällt die Lösung, die die Leute in Christchurch gefunden haben. Provisorien nämlich haben einen hohen Symbol-
wert. Sie sind im Grunde gar keine Immobilien, weil sie mobil
sind und die Menschen mobil halten. Man kann alles verändern. Veränderten Lebenslagen anpassen. Provisorien zeigen,
dass eben nichts von Dauer ist hier auf dieser Erde.

> *Komm in unser festes Haus,*
> *der du nackt und ungeborgen.*
> *Mach ein leichtes Zelt daraus,*
> *das uns deckt kaum bis zum Morgen;*
> *denn wer sicher wohnt, vergisst,*
> *dass er auf dem Weg noch ist.**

---

* aus: Komm in unsere stolze Welt, EG 428

So heißt es in einem Gesangbuch-Lied, zu dem Hans von Lehndorff 1968 den Text geschrieben hat. 1968, als in Deutschland der RAF-Terror tobte, als der Bundestag die umstrittenen Notstandsgesetze verabschiedet hat, als der Prager Frühling brutal niedergeschlagen wurde.

Ein leichtes Zelt. Ein bunter Container. Als Zeichen dafür, dass wir unterwegs sind, dass wir uns nicht auf das verlassen, was wir ohnehin wieder verlassen müssen. Ein Zelt als Erinnerung daran, dass wir uns nicht festhalten sollen an dem, was nicht hält. Nicht auf Dauer.

Ein Zelt, ein Container sind Zeichen dafür, dass wir gehalten sind. Auf ewig gehalten. Von den Armen Gottes, die so lang und weit ausgestreckt sind, dass sie bis in unsere Welt reichen. Bis in die Innenstadt. Bis in mein Büro. Bis in meine Küche. Bis in mein verzagtes Herz. Er ist das, was die Amerikaner »solid rock« nennen. Der solide Felsen. Der erdbebensichere, himmlische Grund. Auf den kann man sich stellen. Der hält. Verlassen Sie sich darauf!

Gott spricht an den Autobahnen

Seit vielen Jahren verkünden riesige Plakate an den Autobahnen Gottes Zusagen an uns. Sie erreichen Menschen in den unterschiedlichsten Lebenslagen, unterwegs in Autos, Bussen und den Lkws. Manche von ihnen schreiben und berichten, wie sie diese „Kurz-Predigten" erlebten. Hier eine kleine Auswahl:

„Lieber Gott! Ich war gerade unterwegs auf der A2 Richtung Dortmund und war betrübt in meiner Not. Bei Bad Nenndorf sah ich dann plötzlich ein riesiges Werbeschild, von dem Du mir in großen Buchstaben sagtest: „Ich halte Dich". Ich danke Dir, dass Du in diesem Moment zu mir gesprochen hast. Vielleicht brauchte es dieses große Schild, so groß wie eine Hauswand, dass bei mir ankommt, dass Du mich liebst, in all meiner Not und Verzweiflung. Danke."

„Ich habe schon mehrmals nachts das Plakat „Ich halte dich. – Gott" bei Alsfeld auf der A 5, Richtung Kassel gelesen und es hat mir immer Mut, Trost und Lebenssinn gegeben."

Dieses Plakat inspirierte Jürgen Werth zum Titel seines Buches.

Die Plakate an den Autobahnen werden durch Spenden finanziert. Wenn Sie mehr über diesen Dienst wissen wollen, finden Sie dazu ausführliche Informationen im Internet unter gott.net/gottspricht/. Oder Sie schreiben an: gott.net, Postfach 1363, 48234 Dülmen. Stichwort: „Autobahn-Predigten" gott.net ist eine Aktion evangelischer, katholischer und freikirchlicher Christen.

Verlagsgruppe Random House FSC® N001967
Das für dieses Buch verwendete FSC®-zertifizierte Papier
EOS liefert Salzer Papier, St. Pölten.

© 2013 Gerth Medien GmbH, Asslar,
in der Verlagsgruppe Random House GmbH, München

Die Bibelzitate wurden, sofern nicht anders angegeben,
der folgenden Bibelübersetzung entnommen:
Lutherbibel, revidierter Text 1984, durchgesehene Ausgabe
in neuer Rechtschreibung. © 1999 Deutsche Bibelgesellschaft Stuttgart
Weiterhin wurde folgende Bibelübersetzung verwendet:
»Hoffnung für alle«. © 1986, 1996, 2002 International Bible Society.
Übersetzung, Herausgeber und Verlag:
Brunnen Verlag, Basel und Gießen.
Die Liedtexte stammen, wo nicht anders angegeben,
aus »Du« und anderen Musikproduktionen
des SCM ERF-Verlages. © Jürgen Werth

2. Auflage 2014
Bestell-Nr. 816912
ISBN 978-3-86591-912-0
Umschlaggestaltung: Björn Steffens
Satz: Vornehm Mediengestaltung GmbH, München
Druck und Verarbeitung: CPI Moravia